独角兽

於兴中 著

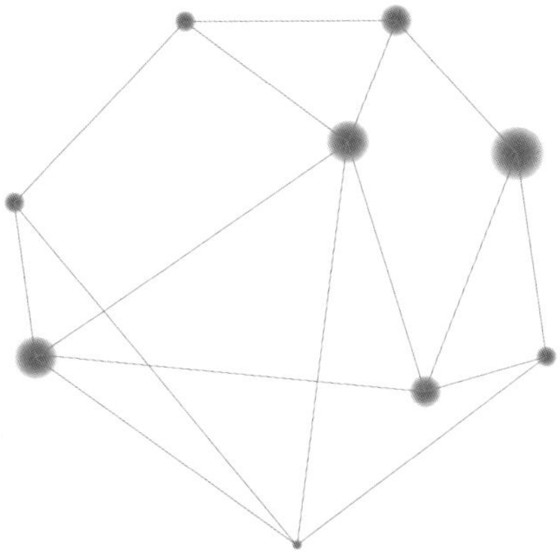

数字素养

从算法社会到网络 3.0

上海人民出版社

序

本书是作者近年来对智能科技与法律、伦理及社会理论思考的一些心得。智能科技是人工智能、智能互联网、大数据、区块链、算法等前沿科技的总称，已经成为影响工业、企业、医疗、教育、法律等行业和我们日常生活的重要力量。智能科技是一把“双刃剑”，它既可以造福于人类，也给人们带来极大的困惑。数字鸿沟、算法歧视、网络霸凌、数据垄断等问题促使人们对智能科技进行有益的反思，借以找到解决困惑的途径，使智能科技最大限度地服务于人类的进步事业。

智能科技的飞速发展不断地改变着人们的生活习惯、交往方式，乃至世界观；也催生了面目众多的资本主义：监视资本主义、数据资本主义、游戏资本主义。从算法社会到NFT，再到元宇宙、互联网3.0，这些复杂的概念纷至沓来，令人眼花缭乱。在这个时代，扮演着不同角色的政府、公司、投资者、玩家和个人都有着不同的追求和需要。在关于未来的设想中，很难区分技术现实主义和技术乌托邦。对于普通老百姓来说，当此之时，最重要的莫过于培养自己的数字素养，学会辨认真实与虚假、夸张炒作，从而避免被这种信息化、数据化、数字化的大潮所淹没或者被现实所抛弃。

本书的核心内容立足于数字素养的培养，抒发的是智能时代关注普罗大众的普遍情怀。本书中的许多篇什曾公开发表过，但也有一些是未曾面世的文章；有探讨学术的严肃文字，也有解读政策和案例的轻松叙事。感谢上海人民出版社冯静编辑的大力支持，将这些篇什集结为书，把一些零散的感悟集中起来，与读者诸君分享共勉，冀望于青年学人就此展开更为深刻的讨论。同时，感谢我的两位兄长於建中、於治中通读本书初稿并纠正一些不适当的表达。

作者谨识

2022 年 3 月

美国纽约绮色佳

目　录

CONTENTS

第一编

人与科技：
从智能间的平衡到人性的平衡

1 人与科技：一个历久弥新的话题

人与科技是一个亘古常新的话题，古代东西方思想家，包括柏拉图、亚里士多德，老子、庄子都对此问题作过精辟的论述。亚里士多德在他的《物理学》、柏拉图在其《法律篇》中都谈到这个问题。老子、庄子对技术方面也有一些见解。在人类历史的长河中，很多思想家，尤其是很多西方学者，都对人与科技的关系、科技本身的实质和性质，以及人与科技如何相处等一系列的问题作过很多精辟的论述，也提供了许多精彩的观点，包括时间上离我们比较近一点的像海德格尔和法兰克福学派的一些学者。而庄子的很多论述，读了之后使人顿悟。

《庄子·天地篇》说，子贡南游于楚，路过一个叫汉阴的地方，看到一位老者在灌溉田地，跑来跑去拿水，干了半天，事倍功半，没有什么太大的效果。子贡就跟老者说，你为何不制造一种名为“槔”的机械，用它来灌溉？老者问他详情。子贡便告诉他，一旦制造出这种机械，就不需要这么劳累了，是事半功倍的事情。老者听了之后不以为然，说道：

> 吾闻之吾师，有机械者必有机事，有机事者必有机心。机心存于胸中则纯白不备。纯白不备则神生不定，神生不定者，道之所不载也。吾非不知，羞而不为也。

他说，如果采取你这种办法的话，心里就不纯净了；心都不纯净了，何以成事？就会与大道背离。我不是不知道你讲的事。我知道，但是我不愿意做，是羞而不为。

在西方科技发展史上，人们对科技所采取的态度大相径庭。一个特别有意思的例子是英国诗人拜伦（George Gordon Byron，1788—1824）和他的女儿艾达（Augusta Ada Byron，1815—1852）。拜伦是19世纪英国非常杰出的诗人，他和雪莱（Percy Bysshe Shelley，1792—1822）被称为当时英国最伟大的两位诗人。拜伦是反技术的卢德主义者的支持者，而他的女儿则对新技术的发展作出过贡献。

拜伦是一位浪漫派的诗人，做过英国议员。17、18世纪工业革命时，发生了一系列变化，进入了机器时代。纺织机之类的机器出现后，大量的工人被替代。因此，当时在英国有一些工人起来反抗，破坏机器。其中有一个人叫卢德，他鼓动了一批人大肆破坏机器，招致英国政府的镇压。很多卢德派的人被处以刑罚。拜伦同情卢德派人，专门给议会提交了提案，反对英国制定的关于针对损毁机器的人（卢德派）的刑法。不过他的反对并没有奏效。他后来专门写了一首歌颂卢德派的诗，叫《卢德派之歌》。这首诗广泛流传，每一本拜伦的诗选都会收入这首诗。[1]

海外那些自由的儿郎，
付出了鲜血，买到了自由；
不自由毋宁死亡！
我们要把一切国王消灭光！
当然，除了我们的卢德王。
我们要赶快织出布匹，
把梭子换成利剑刀枪，
将这包裹死人的尸布，

掷向脚下的暴君国王，
用他的腥血为丧衣上浆。
那颜色黑如他的心，
他的血管早已烂如污物，
把暴君的血水当朝露，
浇灌卢德所栽培的
自由的常青树！

拜伦的女儿艾达出生不久，拜伦债台高筑，不得已出走，去了希腊，把女儿留在家里。他的原配夫人非常恼火，对他恨之入骨。但这个孩子受到了很好的教育，她对机械特别感兴趣，后来成为第一个将分析引擎技术与提花机结合的计算机程序员，写出了该领域第一个算法（algorithm），因之被公认为是史上第一位程序设计师。拜伦女儿跟他一样寿命很短，三十多岁就过世了，她要求死后跟父亲葬到一块。他们的墓地在诺丁汉（Nottingham）。

最近，英国工业联合会（Confederation of British Industry，CBI）发布了一份报告，预测到2030年时，每10个英国人中就有9个需要学习新技能，或者全面接受重新培训。根据英国工业联合会的数据，英国有2100多万人缺乏应对数字化所需的基本数字技能。而基于这些问题，预计在未来10年内将花费1300亿英镑。因为新技术和数字智能的高速发展，现在工人也面临着非常大的困难。技术的问题永远是一个难题，将来都会发生很大的变化，造成严重后果。

注释

1. 网上有译文（http：//www.shiju8.com/shige/waiguo/4233.html）。

2 科技乌托邦

细读人类技术发展史，不难发现一些特点。技术的发展会提高生产力，促进经济发展；这一点很少有人怀疑。而且，技术革命同时会带来大的社会进步——比如民主制度、选举制度，以及对个人权利的尊重等，并且会随着技术的进步而不断发展。当然，技术的最大受惠者是政府：对内，可以采用先进技术来维持秩序，进行治理；对外，可以增强军事实力，应对外国的入侵。自人工智能出现以来，世界上很多国家都把它用于军事，或者维持内部秩序。

而每一次技术变革都会导致不平等，这也是一个大的问题。我们经常说，现在已经进入算法社会、人工智能的时代、数字时代、数据时代，等等。无论怎么描述，一旦进入这种社会，就会发现它是精英社会，也就是说，一般的老百姓如果没有经过训练，没有受到很好的教育的话，很可能就会被社会抛弃。

我们知道，美国是一个非常发达的社会，经济发达，制度先进，但是我们看到不平等现象仍非常严重，可能这也是与技术有关系。技术带来了很大的不平等，而且这种不平等广泛存在，但似乎没有好的办法应对。如果说一个社会实行了一种不平等的社会制度，人们可以反对它，人们可以抗议它，那么政府可能会取消这种不平等的制度。但是技术的不平等、治理带来的不平等，是很难取消的，也许只能想办法慢慢缓解。

因此在这种情况下就会凸显宗教的重要性。在每一次大的技术革命或革新后，宗教的重要性就突然被抬高了。针对人工智能或是一些新的技术，比如脑神经科学、基因改造等，人们开始考虑到底人有没有能力制造人。人应不应该制造人、创造人？在这种情况下，宗教的意义也就显得更加重要了。但是截至目前，还没有任何一种技术能够改变人的主体地位。

然而，如果我们相信科技乌托邦主义，很可能人的主体地位也会被取消。科技乌托邦是一个由来已久的观念，推崇技术优先，技术决定论。科技乌托邦主义者推测，未来是一种技术性的治理。技术统治的社会是更好的社会。根据理性的、数学的、逻辑的安排，我们的政治制度、社会制度、经济制度都会非常合理。这样的社会到来的时候，一定是个美好的社会。不过，科技乌托邦的美好愿景不一定能够实现。雷·库兹韦尔（Ray Kurzweil）是一个发明家，曾经是谷歌非常重要的技术监管人才，一个非常优秀的科学家，同时又是个未来学家。他提出过很多预言，据说65%都实现了。2005年他写过一本书叫《奇点临近》（*The Singularity is Near*）。在该书中他提出了两个预言：一个是在2029年的时候，计算机的发展就会达到图灵测试，也就是说，计算机的智能就会达到人的水平。今年是2022年，还有不到10年时间，现在看来库兹韦尔的预言实现的可能性是比较小的。另一个预言是，2045年是奇点来临的时间。那时，一种超级人工智能（ASI）将会居于统治地位。那时候，人和芯片、计算机可能结合在一起，人就可能变得比现在聪明很多倍。这个预言也很难实现。

与此同时也有人写了一本书叫做《社会奇点》（*Social Singularity*），更是不可思议。库兹韦尔的奇点（singularity）主要指技术上的积累，以及技术上的突破带来的其他方面的变化。《社会奇点》这本书关注的则是社会会产生的情况。社会的奇点到来时，我们现有的社会制度可能要画上休止符，然后出现截然不同的新制度、新体制。然而，众所周知的事实是，政治制度、社会制度的演变往往需要很长的时间。在短时间内，大概达不到这样的效果，即便是在很短的时间内经过了一场革命，也不一定会产生新的制度。

另外一个值得一提的是，科技乌托邦的支持者赫拉利（Yuval Noah Harari）。他是一位非常有才华，也有洞见，知识相当丰富的学者，在《人类简史》这本书里有不少惊人的见解。他说生物是算法，身体是计算器，因此一切都可以计算，包括人的七情六欲。按照赫拉利这种对人性极端简化主义的逻辑，可计算性便是人性的一切。他举了个特别有意思的例子，说一个饥肠辘辘的人在岛上看到了香蕉，极想饱餐一顿，但他同时又看到不远处有一头雄狮。在这种情况下，他就要计算了，该不该去摘香蕉？摘香蕉需要什么样的条件？狮子会有什么反应？自己有什么能耐？能跟狮子比速度吗？有何办法躲开狮子？如何能够摘下香蕉而自己不被狮子吃掉？因此就可以计算，并找出最佳的方案，这就是人的计算性。这个例子所证明的也只是人的计算性而已。而计算性是人的理性的一个很重要的组成部分。逻辑推理、数学、可计算性、功利主义，这几个方面构成了人的理性。然而，理性只是人性中的一部分，并不是全部。

此外，关于“种子人工智能”（Seed AI）的说法也令人感到恐慌。智能科技领域的先驱们一开始就对具有自我改进能力的设计抱有很高的希望，设想一旦设计出具有真正自我改进能力的程序，一个快速的进化过程就会开始。随着机器对自身和自身模型的改进，人们将开始看到与“意识”“直觉”和“智能”本身相关的所有现象。一旦跨过这个门槛，世界将会变样。这种希望在“种子人工智能”的说法中得到了充分体现。先设计出一种像种子一样的算法或者作为师父的主算法（master algorithm），然后这种算法通过自我学习、自我改进创造出新的算法，如此发展下去，直到出现超级人工智能（ASI）。虽然截至目前，还没有出现通用人工智能（AGI），但对于超级人工智能的念想仍然在持续。

凡此种种都是科技乌托邦的表现，是非常值得去认真对待的思潮。

3 人的智能和人工智能

今天，因为经常听到人们担忧有一天人工智能会比人的智能强，以至于人们会忘记人工智能本是来自人的智能，是人的智能反映、衍生出来的一种外化产品，而不是造物者创造的与人无关的另一套可以和人的智能抗衡的外在实体。当然，首先应该问的问题是：什么是智能?

“智能”一词来源于拉丁文名词 intelligentia 或 intellēctus，而这两个词又来源于动词 intelligere，即理解或感知的意思。在中世纪，intellectus 这个词成为一个学术术语，与经院哲学的形而上学和宇宙学理论，包括灵魂不朽的理论紧密相连，遭到了弗朗西斯·培根、托马斯·霍布斯、约翰·洛克和大卫·休谟等早期现代哲学家的强烈反对。他们在英国哲学著作中都更倾向于使用“理解”，以代替“智能”或“智识”。因此，该词一度在英文理论著述中极为少见，但后来在当代心理学中又被重新使用。

关于智能的定义是有争议的。关于智能的能力是什么、智能是否可以量化等问题都有不同的见解。智能可以泛指逻辑、理解、自我意识、学习、情感知识、推理、规划、创造力、批判性思维和解决问题的能力。更广泛地讲，它可以被描述为感知或推断信息的能力，并将其作为知识保留下来，以便应用于不同的环境或背景中。

1994 年发表在《华尔街日报》上的一篇由 52 名研究人员署名的声明“关于智力的主流科学”给智能作了如下定义：

智能是一种非常普通的心理能力，其中包括推理、计划、解决问题、抽象思维、理解复杂思想、快速学习和从经验中学习的能力。它不是单纯的书本学习，不是狭隘的学术技能，也不是应试的聪明。相反，它反映了我们理解周围环境的一种更广泛、更深刻的能力——“捕获”“理解”事物，或者“弄清”该做什么。

1995年美国心理学协会科学事务委员会发表的一份报告《智力：已知与未知》中将智能定义为：个人在理解复杂的思想、有效地适应环境、从经验中学习、进行各种形式的推理、通过思考克服障碍等方面的能力不尽相同。尽管这些个体差异可能是巨大的，但它们决不是完全融贯的：一个人的智能在不同场合、不同领域，用不同的标准来判断时，表现会有所不同。“智能”的概念就是试图澄清和组织这一系列复杂的现象。尽管在某些领域已经表现得相当的清晰，但还没有一个这样的概念能够回答所有重要的问题，也没有一个概念能够得到普遍的认同。

可见，虽然智能有一个大概的范围可以确定，但每个人的智能并不相等。因此，也无法达致一个统一的定义。

智能既存在于人类身上，也存在于其他动物身上，往往被称为“自然智能”（biological intelligence）。人工智能的研究有一种是试图模仿人的自然智能，称为人工自然智能（Artificial Biological Intelligence）。人的智能决定了人工智能，人工智能反过来会挑战人的智能，但不一定能超过人的智能。确切地说，人工智能只是人的智能某些方面的反映，而人的智能的内涵要比人工智能的内涵广阔得多。

加德纳（Howard Gardner）教授关于多元/复合智能的理论对人的智能的多样性进行了详细的探讨。他认为，人的智能包含很多层面，诸如语文智能、数理逻辑智能、空间智能、肢体动觉智能、音乐智能、人际智能、内省智能、自然智能、其他类型智能、创造力、实践方式等层面。

语文智能包括口头语言运用及文字书写的能力，把句法、音韵学、语义学、语用学结合并运用自如。这种智能使人在学习时用语言和文字思考，喜欢文字游戏、阅读、讨论和写作。数理逻辑智能使人靠推理来进行思考，喜欢提出问题并践行实验以寻求答案，寻找事物的规律及逻辑顺序，对科学的新发展有兴趣。空间智能使人对线条、形状、形式、空间及它们之间的关系具有很高的敏感性，并能准确地感知视觉空间，用意象及图像思考，并把所感觉到的表现出来。空间智能可以划分为形象的空间智能和抽象的空间智能两种。形象的空间智能为画家的特长，抽象的空间智能为几何学家的特长；建筑学家则形象和抽象思维兼备。空间智能指的就是人对周围环境的理解，人对于什么样的情况下作出应变，什么样的情况下能做什么事，具有一种空间和视觉的能力。这种能力现在看来是人工智能所不具备的。这就是为什么现在无人驾驶汽车遇到很大的问题：你可以给它输入一些程序，让它通过机器学习，具有很灵敏的驾驶能力。但是遇到一些路况或突发状况的时候，如何马上作出应急反应，这是它不足的地方。所以，它也会出事故，而且已经发生过多次事故了。

肢体动觉智能是人身体的认知。人可以通过观察认知，通过分析认知，也可以通过体悟体会认知。顿悟是一种认知方式，积累经验到一定程度的时候，可能会突变，升华至一种新的状态。这种智能也与人的各种感觉、动作，包括手感等有关。音乐智能强的人对节奏、音调、旋律或音色极为敏感，能透过节奏旋律来思考，能察觉、辨别、改变和表达音乐。人际智能使人对他人的脸部表情、声音和动作比较敏感，能察觉并区分他人的情绪、意向、动机及感觉。内省智能是一种了解，意识到自己的内在情绪、意向、动机、脾气和欲求，以及自律、自知和自尊的能力。内省智能可以划分两个层次：事件层次和价值层次。事件层次的内省，指向对于事件成败的总结；价值层次的内省，将事件的成败和价值观联系起来自审。自然智能是人认识植物、动物和其他自然环境的能力。自然智能强的人，在打猎、耕作、生物科学上的表现较为突出。自然智能也可以进一步归结为探索智能，包括对于社会的探索和对于自然的探索两个方面。

而人的智能还可以从其他角度进行分类。比如，对于事物的记忆力，包括短期和长期的记忆力、形象和抽象的记忆力等。形象力是指在记忆的基础上形成形象的能力；抽象力是指在形象的基础上形成抽象概念的能力；信仰力是指在形象和抽象的思维的基础上形成对于人生和世界总括的观念的能力；创造力是指形成新的形象、理论、信仰的能力。

人工智能作为一门学科肇始于 1956 年的美国。到了 20 世纪 60 年代中期，美国的研究得到了国防部的大力资助，世界各地都建立了实验室。人工智能的创始人雄心勃勃，对未来持非常乐观的态度。赫伯特·西蒙（Herbert Alexander Simon）预言，“机器将有能力在 20 年内，做任何人类能做的工作”。马文·明斯基（Marvin Minsky）对此表示赞同，他写道：“在一代人的时间内……创造‘人工智能’的问题将得到实质性解决。”然而，他们没有认识到自己面临的任务的难度。而此后的一段时间，人工智能的研究并没有大的进展。1974 年，为了回应一些人士的批评和美国国会不断要求资助更有成效的项目而施加的压力，美国和英国政府都切断了人工智能的探索性研究。接下来的几年，后来被称为“人工智能的冬天”。这一时期，人工智能项目很难获得资金。20 世纪 80 年代初，人工智能研究因专家系统在商业上的成功而复苏。

2015 年 AlphaGo 成功击败职业围棋选手后，人工智能再次引起全球广泛关注。在其历史上的大部分时间里，人工智能研究被划分为一些常常无法相互沟通的子领域。这些子领域基于技术上的考虑，如特定的目标（“机器人”或“机器学习”），特定工具的使用（“逻辑”或“人工神经网络”），或深层次的哲学差异。同时，子领域也基于社会因素（特定机构或特定研究人员的工作）。在 21 世纪，随着计算机能力、大数据处理和理论理解的同时进步，人工智能技术经历了一次复苏，其已经成为技术产业的重要组成部分，帮助解决计算机科学、软件工程和运筹学研究中的许多挑战性问题。

人工智能研究的传统问题包括推理、知识表示、规划、学习、自然语言处理、感知，以及移动和操纵物体的能力。通用智能是该领域的长期目标之一，方法包括统计方法、计算智能和传统的符号人工智能。许多工具被用于人工智能，包括搜索和数学优化的版本、人工神经网络，以及基于统计、概率和经济学的方法。人工智能领域借鉴了计算机科学、信息工程、数学、心理学、语言学、哲学等许多领域的知识。

从复合智能的角度审视人工智能，不难发现人工智能只是人的智能的某些层次的展现，并不是全部，而人的智能里有许多层面并不是可以计算或者进行逻辑分析的。另外，人的智能之间有一种自然的平衡，人并不需要特别刻意去平衡各种智能。从这个意义上来说，人工智能的发展应该寻求反映人的智能的各个层次的自然平衡。人的能力是多层次的，人工智能的反映也应该是多层次的。但是截至目前，我们所熟悉的人工智能还远未达到这种程度。关于通用人工智能（AGI）和超级人工智能（ASI），以及人工情能（Artificial Emotional Intelligence）的设想也仅仅停留在概念的层面，而没有迹象表明研究者们在朝着智能间的平衡努力。

还有极端的说法认为，“人工智能”这个词只不过就是一种营销工具，因为算法、数据、网络等的结合形成了今天智能科技的核心内容。“人工智能”这个词用多了，会让人产生错觉，以为人工智能就是一切。但实际上人工智能只是形容其中的某一个方面，或是自然语言处理，或是人脸识别，或是自动驾驶车辆。所以，有人认为智能机器是不存在的，只有大数据和复杂的算法。技术的前沿还是受制于掌握技术的人类的智慧。任何时候你看到“人工智能”这个词都不过是营销。我们没有理由因为数据和算法看起来很智能，就害怕、对立或者崇拜它们。大数据和深度学习方面令人难以置信的进步，是因为有令人难以置信的聪明人。事实也是如此，我们今天能够走到这一步，能够看到有这么多的人工智能产生的新技术的成果，我们能够享受各种各样的新的工具、新的用法等，确实是有赖于我们中间那些绝顶聪明的人。重要的还是人，而不是工具或者用工具生产出来的产品。

4　从智能间的平衡到人性的平衡

智能间的平衡给人工智能的开发提供了一种可欲的前景。但是，比智能间的平衡更重要的是人性的平衡。智能间的平衡并不意味着理性与非理性的平衡、理性与激情的平衡，心性、智性、灵性的平衡。智能间的平衡增强了人的理性的力量，而高度发达的理性很可能会牺牲人的情感，从而使人单向度发展，进一步巩固了现代社会建立在理性、逻辑、科学、经济与法律之上的人的发展模式，使人性失去平衡。

我们知道理性和非理性这种分法，也是为了认识人的精神状态、精神境界，等等。因为人确实有的时候靠激情、靠体悟，而不仅仅靠计算、分析或者逻辑。但在社会科学的研究中，绝大部分的努力都花在了理性分析上面，而非理性的研究上。或者说，人们对非理性的认识远不如对理性的推崇。社会学家、法学家、经济学家，甚至包括有些伦理学家和心理学家使用得比较得心应手的仍然是理性分析的方法。但是在很多情况下，我们可能会发现，无论平凡人的生活还是某个民族的宏大历史，都深深地打上了非理性的烙印。生活中那些能够刺激人的神经，调动人的激情的往往是非理性的事件。

事实上，人们从未忘记对非理性的研究，只是因为主流思潮为理性主义所垄断，关于非理性的研究始终未能引起广泛的关注，不用说研究宗教和情感的书由来已久，佳作无数，关于人的激情、欲望、人性善恶的专著也层出不穷。比较遗憾的是，在理性专制的时代，非理性的研究最后也得进入理性的轨道，比如理性视野下的宗教和伦理学。2019 年普林斯顿大学出版社出版的斯密斯（Justin Smith）撰写的《非理性——理性黑暗面的历史》(*Irrationality, a history of the dark side of the reason*）一书指出，事实上非理性已经定义了人类生活和历史的大部分，而这一点不仅仅表现在学术上。他认为，为了使人们或社会更加理性而将理性强加给他们，会变异成为非理性的终极爆发。极端理性主义（Hyper-Rationality）会导致所谓的“理性的暴政”，其表现在智能科技领域，就成了人工智能 / 技术的暴政。极端理性主义者对理性的功效持有毫不怀疑的信念，一切都必须按照理性来计算。前面提到的赫拉利的观点即这种极端理性主义，认为一切都是可以计算，可以被选择的。人的理性与非理性之间应该有一个平衡。人工智能和人的智能间的平衡其实只是策略，更多需要平衡的是人的智性、灵性和心性，或者理性和非理性之间的平衡。

过度理性会导致非人性化。理性系统既是人性化的，也是非人性化的。从法律的角度来看，法律是一个理性的系统，是智性的发展，是人性的发展，但同时它也是一种非人性的系统。因此，我们经常讲法律的一些冷冰冰的规定融入人的感情，所谓法、理、情并举。人工智能系统是一种理性的系统，是人的智性的反映，因而是人性化的一面，但同时也是非人性化的，因为它会牺牲人性中除了智性之外的其他部分。所以，当我们进入由人工智能所产生的系统时，其实也是在进入非人性化的系统。

所以，认识到人工智能只是人的智性的一部分是我们理解人工智能能否替代人的问题的前提。从人的智能的多种层次和人性的理性与非理性，或人性包含智性、心性和灵性的角度来看，人工智能是无法代替人的智能的，即便是在计算方面人远不如机器。为了避免人性单向度的发展，人工智能的研究必须考虑智能间的平衡和人性的平衡。

5 21世纪法律人的学习任务

现在学法律的学生面临着更艰巨的任务，因为他们不仅要学会传统法律人所学的技能，同时还要面对传统上不曾特别强调的一些现实问题，比如法律与政治、法律与商业的关系。法律人要搞清楚在什么样的情况下既要坚持法律又不忽视政治的作用，以及在法律职业日益商业化的背景下如何坚守职业操守。更重要的是，当今世界，人们的存在已经不是单纯的物理存在了，而是一种现实世界和拟真世界共存的状态，拟真世界需要与之相应的法律予以调整。所以必须要学习这方面的知识。此外，由于全球化和互联网，所有的法律实践实际上都牵涉国际层面，就是所谓的国际化。国际化自然而然地要求国际化的语言，在目前的情况下就是英语，所以要学英语。

简言之，21世纪的法律人要学的东西很多。首先是传统法律人必学的技能：第一是逻辑推理，至少要学会运用演绎推理、归纳推理、类比推理、实用推理、可辩驳推理等法律方法。无论大陆法系还是普通法系，法律推理或法律论证都离不开逻辑推理。人们所强调的法律方法，其核心就是法律推理。第二是经验的归纳，亦即如何把纷繁杂乱的材料精心梳理，归纳出有用的内容。这曾经是费时费力的工作，但现在有了自动化软件和程序，就相对容易多了。但如何使用此类软件也是需要学习的。第三是研究，其中重要的是检索能力，必须知道在什么地方搜集相关的材料。在英美法学院里，这是非常重要的教学内容。中国虽然没有那么多的案例，但是规则越来越多，法学文献也越来越多，都需要学习研究。第四是想象，法律人依靠的主要是逻辑和经验，但是想象也很重要。它是解决纠纷不可缺少的一条路径。爱因斯坦曾说，“想象要远比知识更为重要”(“Imagination is more important than knowledge”)。第五是表达，如何把自己的观点表达清楚至关重要。作为一名律师，口头表达和书面表达都非常重要，以后做刑辩律师，少不了要口头表达。即便不是刑辩律师，做一名商事律师，也要和客户打交道，要跟客户沟通，表达亦很重要。表达受到时空的限制，要在有限的时间内把自己的意见表达清楚，实属不易，需要法律人平时注重培养。第六是书写，这可能是作为法律人来说最重要的能力。也就是说，学了四年的法律，到毕业的时候检验学生的程度，最重要的就是能不能写一份好的备忘录，写一份好的起诉书，写一份好的判决书。知识再丰富，个人再有能耐，懂得再多，写不出来等于没有。表达和写作，一个是口头的，一个是书面的。第七是表演，必须要学会。律师或者法官在工作的时候，有时需要表演。在普通法法系里就很清楚，律师最后的称述，即双方律师辩护之后，最后要对着陪审员说一番话，赢得陪审员的支持。这时，律师要使出浑身解数进行一番演讲，以博得陪审员们的赞赏，那就是“表演”。法官判案也是，为什么法官开庭都要穿上法袍？国内的话是要穿上制服，国外要穿法袍。那是道具，穿上它，法官就登台“表演”。第八是竞争与合作。法律事业本身具有很强的竞争性。在每个案子中，双方律师都在竞争。但同时法律人也必须具有合作意识。法律人是独立的专业人才，但是他必须要和别人合作，要有一种所谓的团队精神。单个律师尽管很强，但是成功的可能性还是受到一定限制。团队精神所能释放出的潜力却是难以估量的。培养合作意识、团队精神也是法律人的重要学习任务。

以上种种传统法律人应有的技能，是当今法律教育着重培养的内容。法学院应该培养学生提高这些能力，让他们毕业后能够成为成熟的法律人。

法律与政治已被证明关系密切，这是法律人无法绕开的。法律会影响政治，政治也会影响法律。法律人应该有节制地参与，而参与政治是为了公益，以公正为目的。在公益、公正这样的前提下去认识政治并参与政治，发挥法律人的专业特点对建设法治社会具有直接和重要的意义。

法律与商业的关系和法律与政治的关系是相同的：相互影响，相辅相成。由于后全球化和互联网的影响，现在看来法律人在商务方面还是可以大有作为的。律师能够保持自己的专业角色，同时也可以去从事商务活动。律师可以促进立法，比如在市场管理方面或证券管理方面，律师可以通过自己的实践为立法提出建议；律师也可以作为制造商，提供制造产品打包运送一条龙服务，比如和公司签合同，提供一系列服务。律师也可能会成为信息工程师。从事不同领域业务的律师，比如从事专利、商标以及新技术的律师，可以成为该领域的信息加工者，提供所需服务。这些都可以成为法律与商业关系的对象来探讨，也是21世纪法律人学习的对象。

国际化语言能力是立志做一个21世纪优秀法律人才的必修课。法律人的一生一定会碰到用英语的机会，不管做律师还是做教授。如果英语不够好，你永远只能跟在别人后面。最新的材料、最新的知识、最新的商机都是用英语表达的，所以必须要学英语。从另一个角度讲，一个懂外语的人一定比不懂外语的人知识更丰富。一门语言就是一种文化媒介，除了自己的文化之外，你接受了另一种文化，对人生的理解就更深入一层。那么，有没有可能，汉语有一天会成为世界通用的法律服务语言呢？现在世界上很多人在学汉语，但目前似乎没有迹象表明有一天汉语会成为国际语言。因为还有更多的人在学习其他语言，比如德语、法语、西班牙语。所以，目前还看不到汉语有成为国际语言的潜力，当然希望汉语能成为国际语言。

至于虚拟存在的律师，那更是我们这个时代不可忽视的现实。网络上的东西非常有意思，它使我们的生命延续到了另一个世界中。我们现在的存在有可能是双重的。一个人同时可以在不同的地方和人交流。而现在已经有一些律师把事务所开到了网上，美国已经有很多律师在这样做了。从全美律师协会公布的一个数字看，2018 年已经有 5% 的律师在网上开了律师事务所。在网上办公，这就很方便了。不过，很多国家目前还不允许这么做，尽管这是一个趋势。

21 世纪的法律人就应该准备着——有这种可能的话——在家里就可以提供法律服务，不一定非得在外面成立一个事务所。更重要的是，我们现在的维权律师针对的还都是现实世界的侵权行为，网上的维权尚处于萌动的阶段。这可能需要大批的网络律师。

总而言之，21 世纪的法律人应该做好准备，接受更多的学习任务。应该准备学会传统的法律人所应该学会的那些技能，包括推理、归纳、写作、表达、表演等，同时要认清楚政治和法律的关系、律师和商业的关系、国际化对语言的要求，以及虚拟存在及其法律问题。

第二编

人工智能与法律

1 智道：人工智能与法律之间的辩证互动

本文的中心观点是，法律对于人工智能的发展必不可少，人工智能在工业和日常生活中的应用和研究中应占有重要地位。法律既可以促进也可以规范人工智能的发展。促进与监管之间的适当平衡乃是实现“科技向善”理想的关键。我想从人工智能无所不在的明显现象开始，然后讨论人工智能的理想主义和现实主义。之后，将进入本文的核心，即人工智能与法律之间的辩证互动。我将分两步阐述这个问题：第一步，讨论法律在人工智能开发中的作用；第二步，探讨人工智能在法律发展中的作用。最后，谈一谈伦理的作用。

由于稳定神经网络和云计算基础架构技术、模糊系统技术、熵管理、群体智能、进化计算等技术的进步，人工智能技术得到了快速发展。如今，你可以找到适用于各种行业的人工智能。它也在我们的日常生活中得到应用，例如医疗保健、零售、银行、制造、风险管理、建筑网站、语音搜索、定制服务、自动校对等。人工智能以前所未有的方式对人们的工作、生活、教育、社交互动等各个方面产生了全面影响，甚至影响到人们对自己的理解和重新定义。人工智能已成为通用的营销术语，尽管通常它并没有实质性意义。

由于人工智能在我们的生活中无处不在，人们对它便产生了理想主义的想象，表现在不同的表达趋势上。比如，通用人工智能、人工情能、超级人工智能等。按照人工智能理想主义的逻辑，通用人工智能的发展将导致超级人工智能的出现。最终，这一发展将达到库兹韦尔所设想的奇点。这位发明家和未来主义者相信，具有人的水平的人工智能将在 2029 年实现。有人回应库兹韦尔的奇点的见解，认为社会的奇点也会到来，届时我们目前的政治和社会系统将停止运转并被新的超级智能系统所取代。

然而，我们知道通用人工智能、人工情能和超级人工智能是人们正在想象而没有发生的事情。尽管如此，人工智能理想主义将很快导致所谓的技术乌托邦主义。技术乌托邦主义是基于对人类能力的一种简化主义的观点，关注的仅仅是人的智性。人工智能是人类智性的产物。关于机器人是否可以像人一样思考的争论经常集中在机器人是否可以具有意识上。我认为，这里涉及的不仅仅是意识。众所周知，人类不仅具有智性，同时也具有心性和灵性。

简而言之，人性包括理性、情感和信念的三个层次（或三个维度）。这三个层次可以称为智性、心性和灵性。人们不仅具有智能，而且具有情能和灵能。通常，有经验的人进行决策主要依靠逻辑和经验，但不能忽略的是内心和精神的影响。有时，后两者的作用可能更为关键。如果人工智能要超越人类，那么它必须具有情感和精神的层面，光靠智能还远远不够。

智性的存在体现在理性、可计算性、规律性、功利主义和经验上。人工智能的概念涵盖逻辑推理、可计算性、规律性、功利主义和经验，毫无疑问是人类智性的体现。

人的心性是感觉、情感和欲望的发源地，属于与智性完全不同的领域。截至目前，尚无任何报道声称机器人可能有感觉和情感。即使是克隆人，也可能只是结构性存在，即它可以作为身体存在，但不能复制一个人的历史、生活内容及其爱好。而机器人执行此操作的可能性更低。灵性是一个难以捉摸的维度，很难把握。但是我们每个人都有灵性，只是程度有所不同。灵性包括恐惧、敬拜、生活取向、神秘、神圣和普遍的爱。人的心性、智性和灵性是相辅相成、相互平衡的。正如宗教在现代政治制度的安排中受到理性的约束一样，人工智能的发展也应受到心性和灵性的限制。如果不是这样，好莱坞科幻大片中超智能存在占领世界的预测可能就会成为现实。

技术是一把双刃剑，人工智能亦然。Space X 的创始人、特斯拉汽车公司（Tesla Motors）首席执行官、企业家埃隆·马斯克（Elon Musk）曾将人工智能称为“我们最大的生存威胁”，担心发展它可能等同于“召唤恶魔”。理论物理学家斯蒂芬·霍金（Stephen Hawking）是黑洞物理学的开创者，他认为人工智能可能既是奇迹，也是灾难，称人工智能为“人类历史上最大的事件”，但也有可能是“最后的事件，除非我们学会如何规避风险”。人工智能理想主义可能导致人工智能炒作和人工智能乌托邦主义。当前，围绕人工智能、算法、大数据、互联网、物联网、万物互联和区块链等新技术的炒作正大行其道，特别是人工智能和区块链这两个领域里最为热闹。面对发展的渴望和不必要的炒作，谨慎的做法是采取现实的态度，在将人工智能视为机会的同时，防止有关人工智能的不实或错误信息，从而认识到人工智能的有益潜力并根据需要对其进行规制。

基于以上理解，法律对人工智能的作用是什么？我认为，人工智能与法律之间存在着辩证互动的关系。前面说过，本文将分两步讨论这个问题。一是关于法律在人工智能发展中的作用；二是关于人工智能在法律发展中的作用。

正义女神既执掌天平又挥舞宝剑。法律既保护又惩罚。法律可以开启、促进和保护人工智能开发并保障权利；它还可以强加责任、义务或将非法活动定为犯罪。就人工智能而言，如果我们要保持并促进人工智能的平稳发展，至少需要在法律和法律制度中找到人工智能的位置，例如授予某些人工智能实体合法权利。同时，法律还应该对人工智能实体施加义务和责任，甚至禁止在特定方向上进行人工智能的研究。例如，即使人工智能有潜力发展成为可以统治人类的超级智能系统，我们的法律乃至道德伦理，应该允许这种行为发生吗？换句话说，人类有毁灭自己的权利吗？

18世纪意大利思想家乔凡尼·巴蒂斯塔·维科（Giovanni Battista Vico，1668—1744）指出，历史上曾经有过神的时代、英雄的时代和人的时代，与此相适应产生了三种不同类型的法律，神学指导下的法律、英雄时代的法律和自然人性指导下的法律。今天，我们已经进入了机器时代。机器时代召唤与之兼容的法律以及与其相匹配的法律认识论和法律方法论。机器时代的法可以称为人—物关系法、科学自然法或艺术与科学的混合法。无论其名称是什么，该法律调整的主要是人与自己的工具之间的关系，包括自动的或手动的工具，以及类人的工具。而这种关系并不是财产关系。一如前三种法律的发展，机器时代的法律以现有法律为基础，而不是完全没有传统支持的新型法律。

现在来看人工智能在法律发展中的作用。算法、智能合约、预测分析都构成了一种挑战现有法律理论和实践的新的法律方法。法律人工智能现在已应用于许多法律领域，比如预测编码在电子发现中的应用，区块链在证据保存中的应用，以及算法决策在审判中的应用。法律不再仅仅被定义为社会科学知识的一个分支，而更是科学的分支。基于人工智能的数字存在和网络存在而产生的新兴权利正在挑战传统的权利制度。法律技术、法律人工智能和法律推理模型（尤其是可辩驳的法律推理）等已准备就绪，可以用机器和软件代替部分人工律师。由此引起的法律研究范式的转变对法律教育产生了重大影响。

如果我们要制定有关人工智能的法律，就必须制定反映人类道德的法律。因此，我认为道德在所有这一切中也起着关键作用。社会伦理、职业伦理、生物学研究伦理、机器人伦理、人工智能伦理等都与法律有关。道德原则将作为立法和执法的指导，可以被视为人工智能开发人员的内部约束，也可能成为人工智能开发人员的设计参数。如果我们想在保护自己的同时开启、促进和保护人工智能的发展，所有这些都必须得到解决。如果要制定通用的人工智能法律，该法律至少应阐明鼓励和限制的目的、指导原则、范围和内容。至少在精神上，它应该反映出人类掌握其创作成果并充分尊重科学和技术规律的能力。

2 制定人工智能法迫在眉睫

随着人工智能以各种各样的形式走入我们的生活世界，人们开始担忧它可能带来的麻烦。机器人违反了法律，或者伤害了人身或损害了财产，谁来承担责任？如何控制机器人产品的质量？自然人损坏了机器人，应该如何赔偿？无人驾驶的交通工具出了事故该如何问责？如何对待不良商家借人工智能热牟取暴利？如何应对人工智能热引起的业界乱象和泡沫？如何规制人工智能的科学探索，从而避免其走向反人类的方向？诸如此类的问题使得要不要制定专门的“人工智能法”成为一个重要的话题。暂且不论人工智能是否会取代人工、通用人工智能会不会超越人类等大科学家、思想家和企业家们所担心的终极问题。

有些人认为，现有的法律已经足以应对人工智能引起的和可能引起的新的法律关系，或者调控由人工智能引发的法律后果，并不需要新的专门的法律调控。持这种观点的人主要把人工智能看作是一种产品，并且认为现有的产品责任法就足以应对人工智能引起的法律问题。具体而言，如果一个机器人侵犯了别人的利益，或者导致了别人的经济损失，机器人的制造者、所有者或者编程者应该承担法律责任。然而，机器人并不是一般意义上的产品。现有产品责任法中关于产品的概念，并没有预设针对智能活动产品的内容。

无论如何，如果要规范、管制人工智能的研发，就必须赋予人工智能一定的法律地位。虽然有些国家的法律已经试图赋予机器人一定的法律主体资格，比如韩国的机器人法案提倡机器人应具有相应权利义务的电子人格，爱沙尼亚的人工智能立法把机器人看作是人的代理，介于独立人格和财产之间。但很多研究者都不愿意把人工智能看作是具有主体性的存在，而仅仅把它看作是一种工具或者产品，不具有主体资格。

制定法律等于建立一种社会制度。制度建立的资源和途径大致有三：一是把行之有效、持之以恒的实践制度化。比如市场的出现，开始并没有固定的市场的概念。但人们习惯于在一定的时间和一定的地点进行交易，久而久之就产生了市场和调节市场的规范系统和制度。二是把精确可行的概念和理论制度化。人类社会有些制度的诞生和发展建基于伟大思想家的理论和学说。这方面的例子不胜枚举。三是向别人借鉴学习。比如法律移植。有史以来，人们对法律、习俗、道德等规范系统的相互借鉴从未停止过。

从这三个方面来看，制定人工智能法的时机可能尚未成熟。就实践而言，人工智能研究和运用突飞猛进的历史并不长。实践中尚未积累起足够的经验，也未发展出可以类型化的比较成熟的牵涉人工智能的法律关系。因此，无法进行制度化，也就是说，目前不可能制定出有关人工智能的完善的法律。从理论与学说的角度来看，无论描述性的还是预测性的，目前的理论界尚未就什么是人工智能的问题达成一致的认识，而且也缺乏主要的概念范畴。因此，把理论或者学说制度化的前景也并不十分乐观。从借鉴移植的角度来看，截至目前，世界上也还没有一部被命名为“人工智能法”的法律问世。但是，调整人工智能某些方面或某种形式的法律却早已存在。比如，有关网络平台管理、机器人以及网上交易等方面的法律，诸如欧洲议会“关于制定机器人民事法律规则的决议”，韩国的“智能机器人法”，美国众参两院的“自动驾驶法案”，等等。

毫无疑问，制定单项的或专门的法规调控人工智能的某一具体方面或形式是既有实践，但这并不排除制定一部综合性的、概括性的“人工智能法”的可能性。从中国制定法律的规律来看，当人们不能完全掌握所需信息时，可以先制定一部原则性的简短的法律，随着实践的深入再制定详细的实施细则。比如，《中外合资企业法》及其实施细则。该法制定之初，人们并不清楚改革开放会走到哪一步，因此只规定了很宽泛的指导原则，而后逐渐制定了相应的实施细则和更细致的专项法规。这里涉及的指导思想是，人们可否在信息不全的情况下作出明智的决定？决策科学研究的成果表明，决策所依赖的是主要信息，而不是全面信息。只要主要信息具备就可作出正确的决定，人工智能的立法亦如是。国家已经出台有关政策和发展规划，主要的信息已经具备。政策虽然有时和法律并不一致，甚至发生冲突，但两者也有相一致的地方。政策中合理的部分、具有普遍和长久效用的内容可以作为法律的组成部分，尤其是指导原则。因此，人工智能的立法可以以政策为指导原则。

3 人工智能与法学研究新范式

会议的主题是关于新时代的法律。这样一个新时代的到来，需要大家一起努力。我作为学者，仅从学者的角度来谈如何理解这个新时代。在我看来比较重要的是，这个新时代的到来，至少在研究范式上面要有一种“新”。所以，我今天主要谈人工智能与法学研究的新范式。

我从两个方面来讲：第一是范式，第二是人工智能出现之后这个范式有什么样的可能性。“范式”这个词是 20 世纪一位非常著名的科学哲学家托马斯·库恩（Tomas Samuel Kuhn，1922—1996）提出来的。他有一本书叫《科学革命的结构》，在那本书里他提出科学发展的进步，并不是从古代延续到现在这样一种逐渐演变的过程，而很可能是由各种各样的研究范式的变化引起的。

范式就是科学家或者专业人士共同赞同的一种示范性和规范性的研究模式、研究方法和理论价值等。我想研究法学的人都知道，我们赞同或不赞同什么样的模式，有意无意中都会采取一种态度，或是实证主义的、自然法学的，或者是社会法学视野中的。那么，在人工智能这个大背景之下，法学研究是不是也有范式的变化，是否已经存在新的法学研究范式？

至少现在已经有一些迹象表明，一种新的法学研究的范式正在涌现出来。第一，就是人的概念发生了很大的变化。由于后人类时代、后真相时代、科技大爆发的时代和解析（而非）分析时代的到来，我们今天关于人的概念已经发生了很大变化。“人”这个概念的含义已经远远超出我们传统的理解。比如，现在有自然人、法人、人机结合的超人、有生命迹象的机器人等等。与之相匹配的是，跟人有关的社会现象也发生了很大变化。

第二，法律的概念发生了变化。我们知道，Law 这个单词在英语里既是法律又是规律的意思，但是以往关于法的概念并没有把科学规律这个层面包括进来。现有的法律概念主要还是指人为制定的法律。现在这个法律概念发生了变化，为什么会发生变化呢?

很重要的原因是，已经出现一些人为的法律在其面前一筹莫展的现象。比如，在区块链加密货币的交换中会用到所谓的智能合约。智能合约不是由法律来调整的，而是由技术来调整的。再如，莱斯格（Lawrence Lessig）指出，对现有的网络的调整等，除了法律之外还有一个东西就是代码。

在数字时代，行之有效的到底是法治还是代码之治？这两种可能性融合在一起。所以，我们现在对法的概念有了更深的理解，不仅仅是从社科角度理解法律，而且要从科学的角度理解法律。今天，我们必须面对的情况是，传统的法律观念已经在发生变化。

第三，权利主体发生了变化。传统的权利理论只把人看作权利的主体。现在，动物有权利，山川草木皆有权利，很快机器人也会有权利。而权利是法律中的根本概念，如果权利的主体发生了变化，那也就意味着已有的权利学说和理论会发生根本变化。

第四，人的存在方式发生了变化，因而引起社会关系和法律关系的变化。以往人的存在仅仅是物理的、现实的存在，但是现在有些人在调查的基础上估计，到了 2030 年，我们每个人在网上的生存即虚拟生存，占自己全部生存的 60%。也就是说，虚拟存在会大于现实存在。与之相匹配，法律关系、社会关系也会发生很大的变化。

第五，人和物的关系，人和机器的关系，人与自然的关系……都发生了很大的变化。法律必须应对这些变化。现有的法律关系学说必须重新讨论。

第六，财产的概念发生了变化。在传统的理论中，财产是有严格定义的，但是我们现在发现财产不太好定义了，尤其是虚拟财产。比如说，比特币这样的一些东西，它是财产，也是票据、证券，还是现金，或者是交换的一种产品。所谓虚拟财产是财产还是资源，我们不是特别能说得清楚。所以，财产的概念也发生了很大的变化。

第七，法律思维发生了变化。传统的法律思维中最主要的是权利义务的思维，现在看来权利义务的思维虽然没有被取代，但是由于受到大数据、人工智能、互联网及物联网等因素的影响，我们的思维方式表现出非常明显的因果定制的特点。我们已经进入的这个时代是所谓算法的时代，它的特点是定制，你输入了什么就产出了什么。这样一种思维方式，包括数据思维、经验思维和算法思维等，与传统的演绎和归纳有很大的不同。

第八，与思维方式相适应，法律推理也发生了变化。学法律的人都知道什么叫法律推理。现在的法律推理主要是演绎、归纳、类比、可辩驳等，仍属于法律分析（legal analysis）的范围。但是，已经有迹象表明，有可能转到法律解析或者法律数据分析（legal analytics）上。法学研究可以是实证性的，也可以是理论性的，现在除了这两种之外，还有一种重要的法学研究就是法律解析。

在西方，关于人工智能与法律的研究早在20世纪60年代就已开始。凯文·阿什利（Kevin Ashley）和他的老师两个人设计的叫

HYPO 的软件，就是在根据案例进行推理领域的佼佼者。1992 年出版的一本名为《人工智能与法律》(Artificial Intelligence and Law)的杂志，现已出版 30 期。阿什利教授是该杂志的主编。该杂志现有 50 多篇开放给公众的文章。他们的研究开始得比较早，我们才刚刚开始。

在实际应用上，西方一直在尝试，但进展比较缓慢，前几年才出现了 ROSS 和 Lex Machina 这样的法律应用平台。Lex Machina 是斯坦福大学法学院的师生设计的，后来 LEXIS 把它买下来了。这个平台不光能就一个法律问题提供答案，它还可以随时关注正在发生的同类案子，比如美国法院里某个案子有什么进展，它都会知道，而且它自己可以学习。

第九，在法律解释方面，有四种解释：第一种解释就是现有的交流型解释；第二种解释是科学性的解释，就是科学家做了实验之后，用实验数据来解释；第三种是艺术型的解释；第四种解释是社会型的解释，根据各种各样的背景，各种各样的政策来研究社会现象，来作解释。传统的法律解释基本上排除科学解释，而赞成创造性的解释，但是它既是艺术性的解释，又是社会实践的解释。在今天，由于人工智能等的发展，科学的解释是必然的，因此法律解释这个模式也发生了很大的变化。

第十，法律的知识结构发生了很大的变化。法学院的学生以往只学法学，其他社会科学或人文科学，但极少学习科学技术。要适应人工智能未来的法律新时代，法学院的学生必须要学数学、计算机、统计学、密码学，等等。掌握了这些知识，这个学生才能够适应 21 世纪法律新时代的要求。这对法学教育来说是一个很大的挑战。

4　人工智能与法律推理研究的几个重要里程碑

下面介绍几项在理解和模拟法律推理，尤其是在法律论辩方面提供了重要步骤的具有里程碑意义的法律与人工智能研究项目。这些项目拟解决的问题包括：一是根据规则推理；二是根据案例、假设及引用先例推论进行推理；三是可辩驳推理。

一、根据规则推理

进行法律推理模式研究的努力最初是运用专家系统（Expert System）模拟法律中与规则相关的某些内容。基于规则的专家系统是人工智能研究者们广泛运用的一类人工智能系统。这些系统所使用的计算机和计算技术概念界定十分清楚，而且计算性强。虽然从法律的角度看，关于规则的有效性、有用性及其状况，人们的意见不尽一致，而且人们也公认在规则的表述方面存在着困难，但是将某一套规则用于一个标准计算模式的计算框架依然是可行的事。

在基于规则的方法中，规则通常表现为比较简单的“如果……那么……”格式。如果已知某种情况存在，那么即采取已指明的行动或者得出拟得到的结论。基于规则的系统，通过将这些规则连接在一起而产生作用。在法律领域中，首次使用专家系统方法研究的是兰德公司民事司法中心的 Donald Waterman 和 Mark Peterson。在他们的系统中，将学说中的论述和法律专业知识根据经验大致进行了编码。该项研究进行时，正是专家系统方法被广泛用于各个领域之日，既代表了该方法用于法律研究所能取得的成就，也揭示了该方法自身内在的困难。Waterman 和 Peterson 研究了如何将专家系统方法作为一项实用工具用于法律实施，证明了其作为模拟法律专业知识的一种方法。

他们系统中研究的一个领域是所谓 LDS 系统（Legal Decision-making System）。该系统为解决一起产品责任案件进行了“价值”评估。通过使用为严格责任设计的基于规则的模式，比较过失，以及计算赔偿金，该程序能计算一个案子的价值，进行有关诸如过失之类的结论的一系列推理，并且能够模拟、了解谈判的某些内容。该项目证明了将基于规则的技巧用于法律使用的可能性。

该项目的一个较大的弱点是，它用极不精确的术语掩盖了法律推理内在的困难，且对法律推理的对抗性没有给予应有的重视。举例来说，LDS 向使用者询问使用该产品是否“可以预见”这样一个问题。这是一个非常微妙的问题，其答案依赖于解释，而且完全取决于上下文。可以说得出有关使用的可预见性的结论乃是过失领域中推理的核心问题。向使用者提出这样一个问题，让其给予解释，实际上将整个游戏出卖了。LDS 系统同时还表明了基于规则方法的另一个一般性问题：它没有给予法律推理的矛盾性应有的重视。在法律推理中，不同立场的双方往往寻求得出不同且经常是矛盾的结论。更进一步说，基于规则的方法假定某一套规则中不存在含义不清、规则间的空白及冲突等内在困难。为了使基于规则的系统产生作用，程序设计者一般必须消除此类问题，使规则显得比实际上更加前后一致和完善。

尽管过于简单化，Waterman 和 Peterson 设计的系统是这个未知领域里的一个里程碑。截至目前，专家系统依然是被频繁使用的重要方法之一。应用其进行研究的项目为数众多。在英国进行的一个曾经引人注意的项目是由 Richard Susskind 和 Philip Capper 设计的推定损失赔偿系统。该系统的领域涉及 1986 年英国推定损失赔偿法案。该系统针对的是当损害和损失为隐性时，求偿人可以开始提出赔偿请求的时间等法律问题。

二、根据案例推理

我们可以举 Kevin Ashley 对美国贸易保密法所进行的研究来看如何将人工智能的研究运用于根据案例进行推理。Ashley 所使用的模式称为 HYPO。其运作情况是这样的：面对一定的事实情况，HYPO 根据其拟定的贸易法分析模式对事实予以分析，然后从案例知识系统中找出相关的案例。接下去，该模式将分析哪一个案例最接近和有可能如此，并确定从哪个角度、用何种分析方法进行分析。然后，HYPO 就会形成一种初步看法，分别从诉讼双方的角度进行分析、辩论。先从最能支持甲方论点的案例进行分析，再从乙方的角度引证最能说明其论点的案例进行区别分析。最后，HYPO 再回过头来反驳乙方的观点，将乙方引用的案例予以区别，并加强甲方的论点与眼前的案子的事实关系。如果已有的案例知识库中没有可以引用的案例，HYPO 则会使用假设案例。

HYPO 能够衡量案件的相关性，为各方确定哪一个案例对其最有用，或与其论点最接近，以便引用。它也能类推或区别不同案件，进行假设推理，引用与某一论点相反的案例，以及建构基于案例的论点的基本结构。但 HYPO 的作用仅限于根据案例推理，并未涉及较高层次的包括政策分析的推理活动。HYPO 只是进行案例和事实分析的一种非常技术化的推理模式。

HYPO的一个主要特点是其案例索引系统。HYPO使用被称为“要素”（Dimension）的索引系统寻找案例并进行分析。要素代表重要的法律因素。它将由于某些事实的存在而需根据某一观点对所选案例进行处理的知识编入程序，能使HYPO找出支持同一观点的一组案例，并对该组案例中各个案例的相对重要性进行比较和估计。

HYPO使用要素来界定诸如“相关”“最合适”“最好”等概念。如果一个案件中有一个要素和眼前的事实情况相吻合，则该案件可称为“相关”案件。HYPO通过寻找事实情况中的若干要素和案件中的若干要素的重叠情况来确定案件是否为最合适程度。如果乙案例中的要素已包含在甲案例中，则甲案例被称为更加合适的案例，因为甲案例的要素和事实情况的要素相同点较多。

三、可辩驳推理

根据规则推理和根据案例推理反映了两种不同的法学观，即规则中心主义和规则怀疑主义。这两种法学观之间的辩论是20世纪法学界的空前盛事。但随着时间的推移，这场大讨论逐渐失去了生命力，变得陈腐而停滞不前。无论根据规则推理也好，还是根据案例推理也好，都是属于单向度的推理（Monotonic Reasoning），即“前提—事实—结论”的传统推理模式。有很多人对这个模式表示怀疑。关于法律是一种话语的理论的产生给这种停滞不前的状态注入了生命的活力。

法律的话语理论为法律推理提供了一种截然不同于演绎推理和归纳推理或类比推理的方法。在它看来，法律辩论的性质是说理性的，而法律推理的正确方法既不是演绎也不是归纳，而是一种更丰富的多声调的对话过程。在这个对话过程中，首先应该解决的是：什么因素构成一个论断？何时可以提出论断？

可以通过一个简单的例子来说明什么是可辩驳推理。

格林说：

大部分经济学家都不太会写作。

麦那尔德是一位经济学家。

所以，麦那尔德很可能不太会写作。

如果我们认为麦那尔德可能是个例外，即便是我们接受前两句话的真实性，我们也可以不接受第三句话所表达的意思。该论断是可辩驳性的，也就是说，一方面，作为一个一般的判断它是站得住脚的，但从另一方面来看它又是会错的。我们可以设想一个反例来降低它的可信度。

布朗说：

那不对。麦那尔德是个例外。我读过他写的诗，非常棒。

在此布朗根据自己的经验提出看法，推翻了麦那尔德是个不太会写作的人的假定。然而，这个反驳论断并不必然获胜。通常，该反驳论断也是一个可辩驳的论断，也就是说它也可以被人推翻。在这个例子中布朗的推断实际上很弱，因为它完全建立在布朗个人对麦那尔德的诗的评判的基础上。如果在场的人中还有人读过麦那尔德的诗，他很可能会提出不同见解，推翻布朗的论断。但是，如果格林没有读过麦那尔德的诗，他就不可能提出推翻布朗论断的见解。如果是这样，格林就处在劣势地位。请再看下面的例子：

格尔德说：

我也读过麦那尔德的诗。我觉得他写得不怎么样。他的诗既不合辙，也不押韵，写得很差。

布朗说：

那是你的看法。但是作为一个文学教授，而且出版过好几本诗评的人，我可以告诉你合辙押韵对好诗来说并不重要。我相信大多数公认的批评家都会同意我对麦那尔德诗的看法。

在上述例子中，格尔德用以推翻布朗看法的乃是一种普通的见解，即“我的意见和你的意见一样重要”。而布朗则诉诸自己的专业知识和评论家的共同标准，布朗的论断显然要比格尔德的更具有说服力。布朗式的论断在法律领域中可能会是一个强有力的论断，但在科学领域里则不然。因为科学需要逐个证明，笼统的指陈不会获得信任。

通过上述例子可以看出，任何对于某一事物的判断都有可能被推翻。那种单一模式的推理只具有暂时的正确性。当场景或条件发生变化以后，论断的正确性也会发生变化。多元反复推理可能更确切地反映推理的本质。法官在作决定时，极少顺着一条单一的推理模式作出判断。在规则的选择、理解及应用上，法官很可能要反复思考、衡量各种利弊，依靠各种权威根据，最终得出一个他认为合理合法的结论。

5　人工智能与可辩驳推理

在法律方法的研究中，一个引人注目的领域是人工智能与法律推理的关系。这方面的研究，西方国家早在20世纪中期就已开始，但在国内似乎还没有引起足够的重视。在西方，经过几代学者的不懈努力，人工智能与法理推理的研究已经取得了很可观的成就。这个领域初启山林之时，很多人都持怀疑态度，感兴趣的主要是研究人工智能的学者，法学界鲜有人问津此事。随着这方面研究成果的不断出现，法学研究者才逐渐对这个领域产生了兴趣。即便如此，一些有影响的学者还是对此持怀疑态度。比如，芝加哥大学著名教授桑斯坦（Cass R. Sunstein）就曾撰文质疑过人工智能与法律推理研究的有效性。在他看来，人工智能和计算机系统再聪明也无法模拟复杂多变的人的头脑，而法律活动乃是一种高水平的脑力活动，不管以后如何，至少在目前还看不到在这个领域中计算机有取代人的可能。然而，热心于此项研究的人却并不这样看。

人们一般希望一项理想的人工智能与法律推理的计算机程序能解决以下问题：

1. 根据案例的类比推理（包括真实案例和假设的案例）；

2. 根据规则推理；

3. 多种推理方式的结合；

4. 处理定义不严密及含义开放的概念；

5. 设计论证和解释；

6. 处理各项知识的例外和其间的冲突，比如规则间的冲突；

7. 包容法律知识基础的变化，尤其是法律概念的变化，处理非单一性因素引起的变化，即由于更多的新知识的出现而使原有的真理不再成为真理，因之而起的变化；

8. 模拟普通常识；

9. 模拟人的意向和信念知识；

10. 承担理解自然语言的功能。

以上各种目标的实现尚待时日，但各方面都有研究在进行，有的方面已作出了可喜的贡献。实际上，以上各项目标中，有些比较容易实现，有些则相对困难，而有些则实现的可能性比较渺茫。比如，上述第 1、2、3 项的研究已经颇见成效，第 4 项的研究也较有进展，但尚需进一步深化。第 5 项的研究也作出了成绩，尤其是基于先例的推断和进行解释的努力。似乎可以说，在近期内达到以上五项目标的可能性还是比较乐观的。第 6、7 两项研究看来困难较多，但前景并不是一团漆黑，而且从事该项研究的人员目前表现得十分积极。设想有一天他们会取得可喜的成绩也不是痴心妄想。

至于后三者，似乎前景不是很乐观。模拟普通常识推理，有关意愿和信念的自然语言能力这三方面的研究最为困难。就语言而论，比较简单的会话和短文的理解能力在一定范围内可能能够达到，但普遍使用的模式的建立仍然相当遥远，而阅读理解上诉法院判决之类的痴想恐怕永远也实现不了。

有学者撰文指出，人工智能在法律上的运用之所以还没有结出丰硕成果，并不是由于人工智能研究的水平不高，而是由于法学研究的水平不高。这实在是一个发人深省的高明见解。人工智能与法律推理的研究必须依赖于法学理论，有什么样的法学理论，就有什么样的人工智能与法律推理的模式。从法学理论和法律推理的角度看，大致而言，现有的法学理论可以分为两派，即形式主义和实用主义。形式主义注重规则，于是便有了根据规则进行推理的人工智能推理模式；实用主义注重个案，因此，便有了根据个案推理的人工智能推理模式。两种模式都有自己的平台，但都不甚精确，且易出错。人们在力求改进这两种推理模式的同时，也期盼发展新的模式的可能性。然而，由于新的法学理论总是迟迟不登场，新的法律推理模式自然也只是希望而已。是故，人工智能与法律推理研究不甚成功的责任就落在了法学理论上。自哈贝马斯（Jürgen Habermas）等人提出所谓法的话语理论（Discourse Theory of Law）以来，人工智能与法的研究又重现生机。话语理论暗含着对话和沟通的意义，从这个意义出发，可以设想一种通过对话得出结论的推理模式。这种推理模式被称为可辩驳推理（Defeasible Reasoning），它的结论不是一个必然的结论，但却是一个较好较可信的结论。

事实上，亚利桑那大学的哲学家普拉克（John Pollock）早在 20 世纪 40 年代的时候就已经开始研究可辩驳推理，并且至今仍然孜孜不倦地追求着。他设计的 OSCAR 程序已经为他赢得了极高的荣誉。在普拉克及其他学者的共同努力下，可辩驳推理的概念终于在世纪之交进入了法学界。当然，这里还另有原因，需要略作说明。

可辩驳推理之所以能够进入法学界，与法学研究的热点有关。众所周知，20 世纪末的西方法理学基本上是德沃金（Ronald Myles Dworkin）和哈特（Herbert Lionel Adolphus Hart，1907—1992）的天下，似乎再没有谁比他们更重要。法学杂志上连篇累牍发表的如果不是他们本人的作品，就是他们的追随者们保卫主帅、唇枪舌剑的文字。这种局面单调得令人发闷。因而引发了“超越哈特 / 德沃金”的呼声。哈特和德沃金虽然著述甚多，但由他们引起的主宰了法学界长达三四十年之久的论战却仅仅把目光盯在法律规则与法官的自由裁量权上。从法律规则的开放性程度到法官的强势或弱势自由裁量，从法律的解释到法律推理，从规则体系到法律原则，从语言哲学到希腊神话，这场论战直接或间接地深化了人们对法律制度和司法行为的理解。以前那种相信司法决定依赖于演绎推理或归纳推理的态度已经因过于天真而明显不合时宜。人们开始把注意力投向更为复杂的推理模式或法律应用的方法和程序。欧陆英伦学者这一次充当了导师的角色。阿列克西、麦考密克、派茨切尼克、阿尼欧及班考夫斯基等人关于法律推理和法律论证的著述提高了法律方法和法学方法的品位和地位。

法律论证中一个突出问题便是可辩驳推理，这是一个生僻的概念。作为一个法律概念，它已经存在几百年了，但它并不是一个常用术语。因此当哈特在 1948 年指出法律规则的可辩驳性时，学界并没有意识到它的重要性。甚至在普拉克设计出 OSCAR 并专门研究可辩驳推理很久以后，法学界都没有作出应有的反应。

可辩驳推理在近年来引起广泛关注，除了人工智能的研究模式转变之外，话语理论进入法学研究领域也是一个重要原因。话语理论是一个内涵极其丰富的术语，它在人类学、语言学、文化批评等领域的应用结出了累累硕果，同时也造成了概念上的混乱。本文无法详述有关话语理论的各种见解，也不可能系统阐述这一被视作后现代视角的理论 / 方法的概貌。本文甚至无法触及构成话语理论的基本命题，以及话语理论和话语分析之间的区别等重要问题。在此，仅就话语理论在法学研究中的某种表现略作探讨。

把法律看作是一种话语的观点由来已久，而亘古常新。亚里士多德早就阐述过法律是一种话语的观点。福柯、哈贝马斯、佩雷尔曼、图尔敏及阿列克西等人在20世纪和最近的论述中则把这一观点摆到了法学舞台最抢眼的位置上。它与协商性民主、多元政治、文化多元主义及法律论证等领域遥相呼应，改变了人们对民主、法治等一系列重大问题的看法，使单一的、纵向的政治法律思维模式发生了重大变化，为多元的、平行式的、协商性的思维模式所替代。法律的话语理论尽管早就在亚里士多德那里初见端倪，但终未形成气候。直到20世纪60年代，佩雷尔曼和奥尔布希特-泰特卡，以及图尔敏通过论证理论使它重见天日。阿列克西的《法律论证理论》更使它风靡全球。而哈贝马斯的沟通理性和话语理论，则为它提供了哲学和社会理论方面的强有力的支持。

在法学理论中，法的话语理论构成了规则中心主义和经验中心主义以外的第三种法律观。法的话语理论所关注的焦点既非法律规则，亦非法律案例，而是法的论证过程。在这里，法律规则在某一案件中是否运用得恰当，只是底线。更为重要的是，司法决定最终是否通过法律论证为人们所接受。

在法的话语理论中，一个重要思想是，无论规则还是案例，其本身并不足以构成自足的论证，因为两者都是可争议的对象。这与把规则和案例看成不同推理前提的传统法律思维是截然不同的。

法律规则的开放结构、一项具体规则的范围大小、规则的合法性及有效性等因素使规则成为可争议的对象。案例的判决理由、案件之间的相似性、支持该案例的推理等不确定因素使得案例也成为可争议的对象。因此，在将它们作为推理的前提时，两者首先需要进一步确定化。然而，虽然规则和案例都是争议的对象，但它们同时又是进行法律推论的基本材料。法律推论只有在使用规则和案例的基础上才能有效进行。

法律论证不同于法律推理，前者为司法决定提供理由，而后者则为得出司法决定必经的逻辑推导过程。虽然法律论证旨在为司法决定提供理由，而法律的话语理论正好支持法律论证的过程，也为法律推理提供了一种理论，正如麦克密克指出的，法律推理需要一种法学理论。法律的话语理论开创了新的法律推理模式的可能性，这种可能性就在于把法律推理看作一种可辩驳的多元推理，而非单一的演绎推理或类比推理。对人工智能和法律推理的研究者而言，模拟可辩驳推理的过程已经变成了中心任务。

这是一项较新的任务，在已开发出来的模式中，人们主要使用非单一性逻辑（non-monotonic logic），力图建立一个基本框架来模拟法律推理的基本特点。话语理论表明，法律是一套建立在互为反面的争论基础上的系统。模拟法律的系统因此也必须能够处理反对意见。这项任务单一性逻辑模式无法担当，因为单一性逻辑模式的推理排斥反对意见和不同意见。例如，"如果 A、B 和 C 存在，那么结果为 X"。但也有可能即使 A、B、C 都存在，结果却不是 X。单一性逻辑推理只能反映两者之一，而非单一性逻辑推理则可以使两者并存，从而为进一步推理提供选择。如果一条规则的结论比另一条要强，那么较弱的规则的结论则不会出现。从事人工智能和法律研究的工作者认为这种非单一性逻辑法律推理系统可以模拟法律的话语特点，可以同前后不一致的观点论理，并衡量支持不同结论的论点。非单一性逻辑法律推理系统，诸如 Prakken、Sartor 和 Loui 开发的系统，旨在为法律论证的性质提供形式上的规格（formal specifications）。尽管他们各自系统的细节与定义等各有不同，但其所追求的核心问题却大同小异，主要表现在四个方面：（1）构成某一结论的论点是什么？（2）什么是对该论点的反驳（attack）？（3）什么是对某一论点的支持？（4）什么是对某一论点的否定？凡此种种，似乎都在贯彻着一个话语理论。它们似乎都能提供解决论争的手段。

除了模拟法律论证的性质之外，非单一性法律推理系统也能模拟各种论证的程序和过程。Gordon、Rissland 和 Skalak 开发的系统具有这种能力。他们研究何时可以提出论点，作出让步或否定该论点，也设计适用于总的论证过程的规范。同其他系统相比，这些系统似乎更注重发现问题，而不是就案件主要诉求作出决定。

毫无疑问，非单一性法律推理系统的研究充满了希望，它们完全可以体现法的话语理论的精神，但这里尚存在不少问题。最重要的问题在于，如何处理不同论点之间的平衡，并且得出哪一个论点为最好的结论。从事该类研究的学者们认为，非单一性法律推理系统可以最终衡量不同观点的正确与否，并从中作出选择。然而事实上，这是非常难以实现的目标。在普通法理学中，当规则与规则或论点与论点冲突时，应当诉诸更高层次的非规则标准，诸如政策、原则及基本价值。但如何选择非规则标准，以及如何论证已选择标准的有效性却是更为困难的事。即使对人而言，这也绝非易事，对于人工智能，这几乎是不可能的事。但这并不是说，这种研究本身就毫无意义。在目前看来难以实现的事，可能在若干年后就变得容易起来。

在现有的运用计算机和法律的话语理论设计的法律推理系统中，各种观点的冲突是通过诉诸元规范（meta-norms）予以解决的。Prakken 认为，可以用 Lex Superior、Lex Specialis，以及 Lex Posterior 等元规范来评判不同的论点。最具有权威的、最具体的和最古老的规范应该具有最高效力。这固然不失为一种好的设想，但此类元规范实在不多，而法律关系的表现却是千变万化的。有限的元规范难以应对众多的法律关系。而为了适应各种法律论证的需要，就得发展更多的元规范。这样一来，新的问题就会出现，诸如什么是可以接受的元规范，如何判断哪一个元规范支持某一个具体论点，以及当元规范发生冲突时应该如何解决，等等。在佩雷尔曼和阿列克西看来，这些问题正是论证过程拟解决的问题。话语理论及可辩驳推理所关注的正是这些重要问题。

6　机器人会有心性与灵性?

机器人会不会有一天彻底占领地球?机器人会不会全方位超过人类?截至目前，我们看到的对这个问题的回答，大体是从理性、科技及利益的角度给出的。算法的特性，诸如输入输出、明确性、有限性和有效性可能已经为算法预设了局限性。也就是说，算法是可以被人控制的。但是，机器学习的算法却有可能超出人的掌握而自主发展。一旦算法自主发展，机器人超过人类就不是天方夜谭了。但是，如果从人的秉性出发来看问题，我想机器人是无法全方位超越人类的。所谓人的秉性是指人摄取精神价值资源的天赋。传统上，它被理解为包括理性和非理性两部分。但笔者认为，非理性还可以进一步分为感情和信仰。合而观之，人的秉性包括理性、感情和信仰三个层面（或三个维度)。这三个层面笔者称为智性、心性与灵性。人不光具有智性，还有心性和灵性。一般有经验的人作决定虽然主要靠理性，但心性和灵性的影响也不可忽视，有时可能更为重要。人工智能如要超越人类，它必须具有心性和灵性，只有智性是远远不够的。

智性的存在表现在合理性、可计算性、规则性、功利性和经验上。合理性就是因果关系、比例、得失规划，等等。合理性的行为是排除非理性因素干扰的行为。规则性是智性的另一体现，一种活动或者设想，只有把它规则化以后，才好把握，才好便于认识和重复。功利性是智性的另一种体现，一件事可为或不可为、有利或无利，需要靠智性予以判断，智性禁止得不偿失的行为。经验是智性的另一个角度，对某一事物的认识和处理，在无法直接推理的时候，只有借助经验。经验证明是可行的则可行，经验证明是不可行的则避免之，这四者合而为一便是智性。人工智能的概念涵盖了逻辑推理、可计算性、规则性、功利性和经验，无疑是人类智性的体现。

灵性是一个难以捉摸的维度，非常难把握。但是我们每一个人都具有灵性，只是程度不同而已。很多人出家、信教，很快就能“修成正果”，但不是所有的人都可以，有些人一辈子都无法“修成正果”。灵性又可包括恐惧感（或畏惧）、崇拜、生命倾向、神秘性、神圣性和爱等方面。

现在人工智能还处于所谓“弱人工智能”阶段，机器人还不能自己思考。强人工智能的出现，根据 300 多个人工智能科学家的推测，至少也要 45 年以后。研究人工智能可否拥有感情的问题，即人工情能的研究，已经成为一个热点。但是，以目前的研究来看，机器人是否会具有心性和灵性依然是一个可想但不可及的问题。

7 人工智能与数码律师

2016年3月15日，第一棋手AlphaGo以4∶1的战绩赢了世界排名第四的韩国围棋高手李世石，创造了其出师以来9∶1的优秀记录，为这场划时代的比赛画上了句号。由于种种原因，这场比赛牵动了无数看客的神经。有很多为这场比赛敲锣打鼓的观众其实并不是棋迷，有的甚至都不知道围棋为何物。而这并不是一场真正的赌博。为什么人们会对这场比赛如此关注？这场比赛到底是人赢了机器，还是赢了自己？无论如何，毫无疑问的是，这场比赛把人们的注意力再次集中到人工智能上，使很多人明确地感到人工智能已经离自己不远了。正如大数据深度学习公司天脑（Skymind）的行政总裁兼创始人尼克尔生（Chris Nicholson）所指出的，围棋证实的这类人工智能几乎能用于解决任何可被视为某种游戏的难题，包括金融交易和战争。

对于法律、会计、金融等需要逻辑计算工具方能开展业务的领域来说，AlphaGo战胜李世石的实际影响可能是悲喜参半的。一方面，他们可能希望人工智能的研究成果可以早日用于自己的领域，以方便研究，同时减少开支。另一方面，资料检索系统、计算程序或智能机器人的使用也有可能取代员工在公司或事务所的角色，那就意味着不少人将会失业。不过，军队、赌徒和股民们可能对人工智能更感兴趣。设想有一天，智能机器人能够帮人预测股市或者叱咤赌场，那景象必然非同凡响。

人工智能是使用计算机科学的概念、程序和工具从事认知过程的科学。作为计算机科学的一个部门学科，人工智能的研究发端于20世纪50年代中期。人工智能研究的创始人之一明斯基（Marvin Minsky）在1968年说过一句话，集中概括了人工智能研究的实质，即“让机器从事需要人的智能的工作的科学”。因此，所有需要人的智能的行为都属于人工智能研究的范围，包括下棋、解题、从事数学发现、理解短篇小说、学习新的概念、解释视觉场景、诊断疾病、进行推理等。人工智能的研究中最难的是牵涉普通常识推理和认知的任务，诸如语言理解。比较技术性的任务，诸如解题和下棋一般较容易。这是因为后者可以使用界定得好的术语，黑白分明，而前者则不然。人工智能同其他研究认知和知识的学科，比如哲学和心理学有很大的不同。这种不同主要表现在人工智能需使用计算上的术语来进行分析，尤其是通过体现该分析的成功运行的计算机程序。

20世纪50年代，人工智能的研究开始进入人们的视野。短短几十年内已经硕果累累。但是，无论是学界还是实务界，都没有表现出应有的热情和关注。计算机的问世改变了人们的工作生活方式，也改变了人们对人工智能的态度。20世纪90年代，就曾经出现过“人机大战”，计算机赢了。此次围棋大赛，谷歌公司研发的机器人加入了神经网络的运算能力，可以根据外界情况选择最优方案，它战胜顶尖棋手预示着人类社会将快速进入智能制造时代。就法律而言，人工智能已经被广泛地用在法律制度的各个层面。最为明显的是，法律信息系统或法律咨询检索系统。各式各样的法学资料库，包括法律法规、判决、立法过程，以及法学文献，已经成为法律人做研究的工作伙伴。当然，运用更广的应该是司法行政管理自动化方面。

亚利桑那大学的哲学家普拉克（John Pollock）早在20世纪40年代就设计出了OSCAR推理程序。这个程序具有可辩驳的能力，可以用于观察、因果判断、概率计算、计划建构、作出评估和决定。

目前炙手可热的一项人工智能与法律研究的成果是令人咋舌的ROSS系统。ROSS系统是一款基于人工智能的法律App，俗称“数码律师”。ROSS Intelligence公司的创始人都是法律、神经科学，以及计算机专业的专家，而他们开发的这款语音识别App，则是将IBM Watson人工智能超级电脑提供的机器学习技术应用在了法律领域。ROSS系统会检索法律文档数据库，找出与问题匹配的答案，同时支持关键字搜索，亦可以根据用户的反馈进行自我学习。

同任何新兴的技术和工具一样，最初人们都会抱着观望的态度，举棋不定。但是，一旦发现有利可图，便会一拥而上，最大可能地开发它的能量。人们对人工智能的态度也不会有什么不同。通常的规律是，人们会首先问，这个工具即人工智能，对我有什么好处？它能否为我所用？以及，我如何才能最大可能地利用它？经过一番疯狂的利用之后，出了问题，人们才会开始反思它的问题。

所不同的是，由于好莱坞的努力，人工智能还未被认真理解就已经深深地活在了人们的恐惧之中。如果人工智能可以预测我们的未来，人类将何去何从？机器人会不会有一天彻底占领地球？机器人要是反叛，谁来拯救我们？我们应不应该建造能像人类一样生活和思维的类人机器人？是不是应该发起反对制造杀人机器人的运动？如此等等。

很多出色的科技人才对人工智能并不感到乐观。比如，贝宝的创始人埃隆·马斯克（Elon Reeve Musk）就曾告诫人们：“我们需要万分警惕人工智能，它们比核武器更加危险！”科学家霍金也发表了类似的担忧：“人工智能的完全发展会导致人类的终结……一旦经过人类的开发，人工智能将会自行发展，以加速度重新设计自己。人类由于受到缓慢的生物演化的限制，不能与之竞争，最终将会被代替。”好在人工智能是人类对“智能”的模拟，目的是实现人类拟完成的工作，所以受人们对智能理解的限制。即使配合上神经网络模型和遗传算法的训练，目前的程序也只是达到了预期目标，程序本身会不会演化出崭新的能力，尚无定论。如果只会接受训练，而不能创造新事物，那人们的担忧就是不必要的。

8 法律工程师
——一种新兴的法律职业

人工智能、算法及大数据等新型的生产方式和生产资料的日益发展使法律行业比以往任何时候都更具复杂性和竞争性。而且，随着业务模式、定价结构以及客户期望的不断发展变化，法律行业只会变得更加复杂。为了保持竞争力，法律服务单位需要优化现有流程以提高其效率，并创建新的合法产品和服务，以充分利用最新的技术并推动针对客户需求的创新解决方案。他们需要找出新的机会来改进现有的工作方式，并提供创新的新客户解决方案，将法律知识与技术专长融为一体。于是，一种新型的法律人才便应运而生。这就是法律创新领域中正在迅速崛起的法律工程师（Legal Engineer）。随着法律市场的竞争日益激烈，这一新角色对于律师事务所的生存至关重要。法律工程师可能是在不久的将来决定法律服务单位的业务成败的关键人物之一。正应了凯文·阿什利的一句话：人工智能不一定能取代律师，但不懂人工智能的律师却一定会被懂人工智能的律师所取代。对于具备成为法律工程师的技能和经验的人来说，这将是一个非常激动人心的时机，可以发挥改变律所未来发展的重要作用。事实上，法律人的技术角色一直在变化，比如，业界已经有数据治理专业人员、数据法规顾问、隐私专家、风险管理技术人员和各种 GDPR 专家，但是，不断变化的不仅仅是其工作范围、职权和权限，还包括角色本身的名称和性质。毫无疑问，现在备受关注的最新技术工作职能就是法律工程师。

“法律工程师”一词的含义是：“通过利用法律技术和法律数据来改善法律程序或提供法律服务的人（无论律师与否）。”“法律工程师”这个词进入人们的视野乃是由于苏格兰律师 Philip Hannay 在 2016 年将它拿来申请商标，引起了法律技术界和全球社交媒体的广泛关注。大约在 2014 年以后，不断有人使用“法律工程师”这个词，但究竟是谁发明了这个词，目前尚无定论。有人以为这个词的发明者很可能是理查德·萨斯金德，但他本人却说他不是这个词的发明者，他自己在 1986 年完成的博士论文中使用的词是“法律知识工程师”，而非“法律工程师”。此外，他也曾使用过“法律信息工程师”这个词。他认为，法律知识工程师是在专家系统中代表法律的人，而法律信息工程师则是在一定的组织中提供在线服务的人。也有人曾在《作为工程学的法律》（Law as Engineering）一书中，使用过“法律程序工程师”这个词。

那么，法律工程师是什么样的人才？他们又能发挥何种作用？有时，法律工程师是熟悉法律程序的技术人员；有时，法律工程师可以是技术娴熟的律师（或前律师），他们看到了通过智能使用技术来改善法律程序的机会。重要的是，他们对技术和法律实践都有深刻的理解，并且有推动创新、效率、流程改进和客户参与的欲望。这个角色是法律专家和技术专家之间的接口。通常，有两种方法可以实现此角色：从法律方面或技术方面。有时，法律工程师是技术人员，他们熟悉法律程序，并且在律师事务所从事技术工作多年后已经掌握了基本法律知识。随着时间的流逝，他们获得了有关法律流程和服务的知识，然后可以构成法律流程创新团队的核心部分，以技术和流程解决方案处理法律问题。不过，法律工程师来自哪一方都是无关紧要的。

法律工程师了解公司面临的痛点和瓶颈，可以通过创造性的方法来解决它们。他们通常具有业务流程管理或法律项目管理的背景，因为法律工程与许多公司一直试图采用的持续改进和项目管理方法紧密相关。法律工程师使用他们的法律知识，并将其与技术知识和项目管理经验相结合，以优化现有产品、服务和流程，还可以使用技术和工具的组合为客户面临的特定问题创建新的解决方案。法律工程师及其创新团队需要访问已经可用的技术工具包，而不是从头开始构建系统，以便他们可以敏捷地响应公司及其客户的需求，将平台编织在一起以开展新的项目。这里要记住的关键一点是技术本身不是差异化因素，重要的是如何应用它。这就是为什么法律工程师如此重要。他们有创造力，可以针对非常具体的问题提出技术解决方案，这就是竞争优势的源泉。

技术很重要，但是需要合适的人在某个公司内部利用它。但是，该角色仍然非常专业和新颖。没有太多经验丰富的法律工程师可供选择，因此公司的最佳选择可能是在内部发展他们。从 IT 团队中寻找对创新感兴趣、富有创造力并能跳出框框思考的人，然后将他们深深地融入法律实践中，以便他们看到需要立即解决的低效率及其他问题。或者，找到精通技术并且对改变律师的工作方式以及法律服务的提供方式感兴趣的律师，并将其转变为可以尝试应用技术来解决业务问题的人才。

本质上，法律工程师的角色是律师和技术专家的混合体，但不仅限于此。法律工程师将拥有广泛的履历，具有广泛的技能、丰富的经验，以及法律、技术和服务客户各方面的能力。法律工程师需要对法律有所了解。他们必须能够理解律师事务所的运作方式，并且对业务实践有深入的了解。他们必须讲法律语言，必须深刻理解律师行为的敏感性。他们必须了解合伙人和律师正在从事的具体工作水平，并意识到有时有充分理由保持流程不变。但是，他们也一定不要害怕挑战现状并提出新的想法——毕竟，这是他们要努力实现的目标的本质。

法律工程师需要对技术领域有深入的了解。他们应该了解律师事务所可使用的工具包，关键系统是什么，以及这些系统如何集成或不能集成。他们还应该有能力并且有权研究公司以外尚未使用的技术。他们并不一定需要像 IT 团队中的人员那样具有深厚的技术知识，但是他们必须是你可以自信地与之交谈的人。他们不需要了解如何编写 API，但是需要了解 API 为什么如此重要。他们几乎是一个有远见的人，这些人需要身处很多项目中，要进行很多对话，他们需要有伙伴可以打电话给他们或与客户见面。他们不一定要参与执行项目——他们处于此过程之上。如果法律工程师在日常工作中陷入困境，那么他们将没有时间参与对话，因为他们会太忙于编写业务案例。有时这是概念上的，这些项目并非总能成功——它们并不总是可行或超出概念验证的范围。所有这一切的关键在于，法律工程师并没有被视为完美主义者，他们参与了概念的形成，但从本质上讲，他们必须被视为一个努力去做更好、与众不同的事情的人。

法律工程师角色的核心部分是在客户面前，了解他们的需求，并提出解决方案以满足这些需求。法律工程师必须具有沟通和人际交往能力，使合作伙伴可以放心邀请他们参加客户会议，以便他们可以进行互动，并最终作出贡献。律师事务所不应该再向客户隐瞒所谓的“非律师”。实际上，客户很乐意在这些对话中接触具有技术头脑的人，因为在许多情况下，他们了解技术将在最终交付服务的方式中发挥关键作用。律师很聪明，但是他们并不了解有关为客户构建服务的所有技术细节。但是，法律工程师不仅参加会议，并从研发的角度将其置于客户的环境中。他们可能会与客户待半天，或者与客户现场工作整整一周。让他们在现场花费时间的目的可能有所不同：也许要学习只能从组织内部体验到的特定系统或过程，或者进一步发展关系并建立新的关系，或者可能不那么实际，例如花时间了解组织的“文化”。不管您问客户什么理由可以做此练习，都可以用是或否的答案来回答，而且在这两种结果中，提出要求当然都没有问题！

法律工程师这一职业的兴起，主要因为以下几个因素：第一，律师业务从传统的法律分析转向了由于新技术的运用而形成的法律分析模式。在传统的法律分析模式下，律师需要通过掌握大量的文献，包括法律法规、政策和先例，就某一法律问题作出合理合法、符合传统及现行政策的推理分析，并将之应用于具体案件。相比之下，在广泛应用人工智能算法及大数据的背景下，对于某一案件的可诉性、胜诉的可能、所牵涉的内部和外部因素，以及详细的花费开销等都可以通过预先设计好的软件平台进行预测。而这一预测的过程显然不是法律推理，而是数据分析的过程。这需要经过专门训练或者懂得数据科学的人员进行操作。传统法学院培养出来的人才是无法胜任这项工作的。相对于传统的分析，新的模式更加注重的是解析和预测，包括对法官裁决的预测。尽管有些政府明文规定禁止预测法官的决策行为，但在现实中法律预测很难被取缔。第二，与此相适应，市面上出现了各种各样的由人工智能驱动的提供法律服务的平台，诸如 Lex Machina 和 ROSS。很多律师事务所已经购买了这些平台的使用权。如何使用并维护这些平台需要专门的法律技术人才，尤其是平台输出的结果需要特定人员进行进一步解析。当然，这里面隐藏着的是法律行业所面临的更大的危机，因为这些平台的出现已经在客观上打破了法律职业垄断法律服务业的局面。第三，更为实质性的是，在数据主义成为主导的算法社会里，法律这个传统上被认为是社会科学领域的门类将会面临来自科学技术的严峻考验。在很大程度上，科学技术可能改变法律及法律服务的性质，至少会使其与科技领域的交集越来越突出，而法律从业人员的科学技术能力则会成为重要的竞争要素。法律工程师的出现回应了这一需要。第四，出于理解人工智能在法律中的应用的需要。这不仅包括人工智能在法律服务业的应用，也包括其在立法、司法、执法、守法（合规）等方面的应用，尤其是在合规方面，由于数据收集和使用的合法性、正当性和复杂性，法律从业人员必须具有理解和执行各种标准和规范的能力。控制大规模数据分析的法律只会变得更加复杂，就像从我们所生成的数据中产生价值和洞察力的潜力在飞速增长一样。随着管理数据的监管制度的扩大，以及政府和组织试图对收集的数据做更多的工作，数据科学和法律界将发生冲突。无论从事复杂的算法决策——比如无人驾驶汽车、抵押和信贷决策、刑事司法、移民等，还是将法律解释直接嵌入软件系统，都需要法律的指引。没有法律工程师，合规工作则无法取得进展，那就意味着被惩罚的可能。

9 人工智能写手

人工智能技术利用巨大的信息量来学习、完善和过滤数据，然后用来生成产品。这个过程通常被称为“机器学习”。已经证明，某些人工智能可以在它用来学习的材料基础上创造全新的内容。例如，在“下一个伦勃朗”的视频中，一群艺术家和计算机科学家讨论了他们如何合作将荷兰著名画家伦勃朗（1606—1669）的画作数字化，为画作的特定特征建立模型。然后，他们创造出一个酷似伦勃朗的肖像，一个戴着帽子向右看的男人。整个创作过程耗时 18 个月。

另一个例子是微软中国的聊天机器人小冰出版的诗集。据报道，微软联合图书出版商在北京发布了诗集《阳光失了玻璃窗》，而书的作者为微软人工智能机器人小冰。这本诗集收有 139 首现代诗，全部出自小冰之手。微软技术人员称，小冰学习了 1920 年以来 519 位诗人的现代诗，训练超过 10000 次。小冰写作诗歌的思维过程与人类相似，也要经过诱发源、创作本体、创作过程、创作成果等步骤。诸如此类的例子催生了一些显而易见的问题，即这些人工智能的产出是不是创作？如果是创作，谁是作者，版权该归谁所有？

自 20 世纪 60 年代中期以来，知识产权法专家一直在争论计算机或计算机程序是否可以成为“作者”，其产出是否可以获得版权。美国国会委托技术评估办公室（OTA）进行研究，以解决这一问题和其他有争议的计算机的相关问题，但该办公室并没有给这个问题提供答案。近几年来，已经有诸多文章探讨计算机生成的作品的可版权性和人工智能作者的问题。这些评论没有形成共识。有人认为，人工智能生成的作品属于公共领域；也有人认为，编写人工智能程序的人或公司应该获得可版权产品的版权。有些人则建议，程序员和用户都应该是人工智能产出的版权的共同拥有者。

上述解决方案的问题是，具有一定商业价值的人工智能产品是高度合作的产物，正如“下一个伦勃朗”视频所展示的那样。人工智能软件并不像一些评论家所认为的那样，机械地一端输入数据，另一端进行输出。人工智能软件有许多组成部分，而这些组成部分不一定都来自同一个实体：训练数据、赋予各种标准的权重、生成输出或某些部分的模型、用于分析数据的算法以及执行指令的软件。同样重要的是，人工智能程序员的专业知识，他们对这些组成元素进行微调，以产生预期的结果。

根据《美国法典》第 17 章第 201 节的规定，原创作品的版权所有权是通过明确作品的作者来确定的。具体来说，作品的作者拥有与原创表达作品相关的权利。根据法律规定，作者——版权持有人——是指创作作品并将其固定在有形媒介上的个人。《美国版权局惯例汇编》第 306 条规定：“美国版权局将对原创作品进行注册，条件是该作品是由人创作的。”因此，在美国，任何软件程序都不会被承认为可版权作品的作者。特别是《美国版权局惯例汇编》宣称，“版权法只保护‘建立在思想创造能力之上的’智力劳动成果”。这里的“思想创造能力”只有自然人才具备，人工智能写手目前还达不到。在知识产权的另一个领域，也即专利方面，当下的美国法律也强调只有自然人才能成为专利发明者。2021 年 9 月 2

日，美国弗吉尼亚东区地方法院发布了一项裁决，批准了美国专利商标局（USPTO）的简易判决动议，支持该局关于人工智能算法不能被列为美国专利发明人的观点。

上述法院的这一结论是基于对国会在《专利法》和2011年《美国发明法案》中对“发明人”和“联合发明人”定义的分析。然后，该决定研究了美国联邦最高法院对《酷刑受害者保护法》的解释的裁决、多部字典和普通用法，发现“个人”指的是“自然人”，因此其认为发明人必须是自然人。

美国《版权法》正文中列出了八类作者作品的清单：文学作品；音乐作品，包括任何附带的文字；戏剧作品，包括任何伴奏音乐；哑剧和舞蹈作品；图画、图形和雕塑作品；电影和其他视听作品；录音作品；建筑作品。虽然这个清单并不意味着包罗万象，但大多数受保护的作品都属于其中一个特定的类别。

这些类别比它们最初看起来要广泛。例如，计算机程序和大多数汇编被注册为“文学作品”，而地图和建筑计划被注册为“图像、图形和雕塑作品”。这八类作品都需经过人的创作才会得到认可。一件作品要受到《版权法》的保护，必须是“原创”。作品不能仅仅是对以前作品的机械复制，也不能只由几个字或一个短语组成。此外，如果作品是汇编的，必须涉及一些原创性，而不仅仅是对所有现有作品进行字母排序。美国《版权法》用“作者作品”一词来描述受《版权法》保护的作品类型，国会选择这个宽泛的短语，是为了避免每次发现新的“媒介”时都要重写《版权法》。这种有意的模糊性使《版权法》能够保护网页和移动设备应用程序，尽管这些项目在《版权法》制定时还不存在。

人工智能的创造力，受到人工智能机器学习本身的限制。所谓机器学习就是一种训练方式，而训练本身是有目的的。训练就是要让被训练者达到一定的程度，取得训练的目的、成果。换句话说，训练本身只能够达到某一种既定的目的，而不具备创造的可能性。至于这种训练过程中，所采用的那些素材本身是不是违反现有的《版权法》，是不是一种侵权行为，这又当别论。人工智能写手能产出有用的研究报告，或者预测下一次商机的来临，这是有可能的。因为这里需要的计算和预测，乃是人工智能的强项。但是就文学作品而论，我们知道文学作品的创作是需要激情，需要灵魂的。诗人触景生情，有感而发，写就一首诗，抒发情怀。所谓诗言志，词重情。也就是说，文学创作既需要意志，又需要情感。这两者都是活生生的自然人才所具备的。

人工智能要达到创造文学作品的水平，就必须要具有人的意志和情感。而迄今为止的人工智能，我们知道，并不具有这两种最重要的创作所需要的素质。在可预见的将来，也看不到这种可能性。尽管人工智能在以不可思议的速度发展，它的创造能力可能在于文学创作以外，即便是达到了通用人工智能的水平，人工智能写手也不可能创造出真正的文学作品来。因为，人工智能的本源是人的智性。智性是无法代替激情和灵魂的。当然，古人也有言，“熟读唐诗三百首，不会作诗也会吟”。显然，像微软小冰这样的诗人所采取的步骤也就是熟读各种各样的诗歌，比如从20世纪20年代以来的各种诗歌，然后从中学习。充其量，它最后的产品就是“凑”出来的，而不是创作。因为，文学艺术是不能计算的，模仿也不能成就独创性。

另外，因为在小冰的背后，有一个团队在操作这个系统，所以很难说这种创作是小冰的独立创作。即便是小冰的独立创作，也可能因为它不具有作者所应该具有的基本要求，比如《版权法》中对自然人的要求等。因此，根据目前的法律规定来看，小冰不可能成为一个作者，很难获得著作权。然而问题并没有解决，因为小冰毕竟产出了一些东西。那么这些东西是什么？是不是应该受到法律的保护？从劳动的角度来看，小冰输出了劳动，尽管可能是比较轻松的劳动，但是它产出了一些成果。这些成果虽然不具备受《版权法》保护的资格，但它们是一种产品，仍然应该受到法律保护。很可能通过财产法的一些规定，能够保护小冰创作的内容。

然而，这样一来，更重要的问题就出现了。如果人工智能写手能够创造出一些产品，而这些产品是被予以合法保护的，那么就会出现大量的该类产品。而这些产品对于消费者来说可能并不是必需的，但就产出的速度而言，人的创作速度远远不如人工智能写手的速度。这就有可能对人的创作造成极大的不公平。

更重要的是，从数字环境保护的角度来看，人工智能写手很可能会在很短的时间内产出大量的产品，而这些产品很可能会造成数字环境污染。就微软小冰的产品而论，它们很可能就是数字环境污染的因素。《阳光失了玻璃窗》中有一首诗叫做《幸福的人生的逼迫》，它写道：

> 这是一个诗人的教堂上 / 太阳向西方走去我被抛弃 / 可信的蛇会做云层鱼的声音 / 听不见声音的天气 / 若近是语言文字的艺术为自然的国人 / 待从我的心灵 / 幸福的人生的逼迫 / 这就是人类生活的意义

很显然，这一段话充满了语病。诗歌的语言享有特殊的语法，但也不能错得很离谱。笔者无法相信有人能够读懂“可信的蛇会做云层鱼的声音”，或者“若近是语言文字的艺术为自然的国人”这些句子。这段话里，只有一句可以称得上诗，那就是“听不见声音的天气”。这和“我躺在这儿，咀嚼着太阳的香味”有异曲同工之妙。

数字环境污染已经引起了人们的关注。比如，法国参议院于2021年1月12日一读通过了旨在减少法国数字技术的环境足迹的法案。据观察，数字活动对环境的影响正在爆炸性增长，今天占“我们碳足迹的2%”，但明天可能是“7%”。议员们已经着手处理规范数字污染的问题。该法案为“整个数字价值链”提供了一个框架。法国参议院表决的这个文本试图“使用户意识到数字技术对环境的影响”，要求平台将数字技术的环境影响纳入公司的社会责任。通过限制数字终端的更新，限制过度消费，促进有利于环境的数字使用。该法案还旨在促进网站的生态设计，规定建立一个通用的生态设计基准，并为网站的可持续设计提供标准。同时，法案规定网络运营商必须签署具有约束力的多年承诺，以减少温室气体排放和能源消耗。

10 智慧地使用人工智能

今天，由于稳定神经网络和云计算基础架构技术、模糊系统技术、熵管理、群体智能、进化计算等技术的不断改进，人工智能技术得到了迅猛的发展。而人工智能的飞速发展给人们一种错觉——仿佛我们已经进入了一个智慧的时代。现在使用“智慧”这个词的场合比比皆是，比如智慧城市、智慧司法、智慧家庭、智慧契约，甚至有智慧世界之说，等等，不一而足。但是仔细想来，这些说法多多少少还都有点问题。

比如智慧城市，什么样的城市才是智慧的？“楼上楼下，电灯电话”，这是不是智慧城市？古代长安“百千家似围棋局，十二街如种菜畦”，是不是智慧城市？曼哈顿南北向的路叫大道（avenue），东西向的路叫街（street），这叫不叫智慧城市？设想一张智慧之网笼罩在城市上空，或者遍布大街小巷，生活在其中的人们都被这张网勾连在一起，大家一致行动，每个人的行为模式都与其他人相同，而在这张大网之后还有一双没有死角的电眼监视着所有人的行为，这是智慧城市吗？当我们说到智慧城市的时候，不是说这个城市比别的城市更加智慧更加聪明，而是说这个城市的自动化程度在不断地加强。

再如，智慧司法的用法就更有问题了，它是在其他语言中找不到的具有中国特色的说法。何谓智慧司法？当然不是请比现有的法官更有智慧的人来司法！智慧司法不是说我们现在的司法不智慧，而是在说法官可以借助人工智能和一些先进技术的辅助开展司法活动。与其说是智慧司法，倒不如说是司法自动化或者司法的科技化，等等。有些人津津乐道的智慧司法，不外乎运用算法量刑，预测编码证据开示，借助人工智能驱动的法律研究平台，或者采用专家系统，运用人工智能从事法律推理等，只是依赖运用智能，还谈不到智慧。

事实上，真正的智慧司法乃是前现代甚至古代的所罗门王或包青天式的司法。所罗门王判定两个妇人争孩子的那个故事就是智慧司法的一个非常好的例子。两个妇人争夺一个孩子，都说孩子是自己的，争执不休，结果闹到所罗门王的眼前。所罗门王说，好吧，既然你们在争，那我就把小孩儿一刀两半，你们每人一半。亲生母亲一听，不忍自己的孩子受苦，因此宁愿放弃。这样一来，孩子到底是谁的，便一清二楚了。这个故事的另一个版本是元代的《灰阑记》，讲的是同样的故事，只不过故事情节没有所罗门王的判决那么血腥。在《灰阑记》中，孩子被置于一个粉笔画的圆圈之内，让两位自称孩子母亲的妇人互相争夺。最后，亲生母亲因为心疼自己的儿子就放弃了。这就是智慧司法。

这里比较麻烦的是“智慧”和“智能”之间的区别。有人把人工智能翻译成人工智慧，我觉得这里面是有误解的。因为“智慧”和“智能”是两个完全不同的词。一般而言，我们在两种意义上使用“智慧”这个词。首先，在第一种意义上，当我们说“智慧”的时候，一般指的是一个人超凡的聪明。比如说智慧的老人，他有很多智慧，等等，都是在表示此人和一般的人不同。在第二种意义上，“智慧”含有根据经验和理性作出判断的意思。而“智能”在很大的程度上表达的只是一种解决问题的计算能力而已，其间并不需要作出判断，而判断还是由人来作的。其实在英语里，这个区别是非常清楚的。智慧是 wisdom，而智能是 intelligence。和汉语相对应，人工智慧就应该是 artificial wisdom，而人工智能则应是 artificial intelligence。今天我们看到的仅仅是人工智能，而非智慧。有人之所以把人工智能翻译成人工智慧，是因为忽视了这两个词的区别。

说到智慧家庭，更是如此，不是说某家人有了人工智能，就变得更加智慧了，而是说有了 Siri，Alexa 这样的工具之后，家庭生活变得更加方便。所以，实际上，智慧家庭指的是家居生活的自动化。比如，自动开关灯，打开窗户、窗帘，打开电视，或者由机器人来陪伴老人等，这些都使家庭生活变得方便，而不是这家人变得更智慧。当然，用智能家居来形容这种家庭生活自动化的状态可能更贴切。而智能家居解决方案的范围非常广，这通常是一件好事。不利的一面是，其中许多产品都是由新兴企业提供的，这些新兴企业可能会在几年后不复存在。所以经常会看到有些家庭自动化顾问会强烈建议用户考虑可能存在很长时间的知名公司的解决方案和产品。而且建议他们循序渐进，通过采用路线图的方法，确定家中最重要的功能，避免不必要的支出，浪费时间和成本。

说到智慧合（契）约，实际上就是由计算机系统自己生成的一种承诺和接受而已，它并不是传统意义上那种详细规定合同双方权利义务的契约。所谓智慧契约的英语是 smart contract。Smart 在这被翻译成了“智慧”，但实际上它指的是小聪明的意思。在这里，所谓“智慧”也就是自动生成的意思，大概用自动生成的合约（意）来形容更为合适。

在人工智能飞速发展的背景下，我们可能变得并不是越来越智慧，而是越来越依靠人工智能。依靠人工智能并不能使我们变得更智慧。正如福尔在他的《没有心智的世界》(*World Without Mind*)一书中所指出的那样，由于超级平台、大公司和科技公司为我们量身定做，打造了各种各样的服务平台，包括获得信息、阅读、欣赏娱乐节目，等等，我们变得越来越不善于思考。生活在它们为我们打造的平台世界里，我们貌似在用脑子，但实际没有动脑筋。因为我们的选择只能在平台为我们提供的范围内进行。网络公司和平台给我们提供的平台有多大，我们的世界就会有多大。今天我们基本上没有太多的选择，我们只能接受大公司大平台提供给我们的那些各种各样的服务。仔细想起来，这是一件非常可怕的事情。因为它对我们的人性，尤其对我们的智性，具有非常大的摧残的力量。人工智能是人的智性的反映，但是由于这些平台给我们提供的渠道的限制，事实上我们的智性没有得到很好地发挥。因此，今天，当我们在歌颂人工智能的时候，我们还是应该分清楚“智能”和“智慧”的区别。

第三编

数据的困惑

1 数据权的多重面孔

数据需要保护已经是人们达成的共识。一种被认为行之有效的途径是将数据权利化，给数据的所有者、控制者、使用者赋予一定的权利。这就需要首先界定“数据权”这个概念。然而，数据权到底如何界定，实在是一个难题。在英语里，有所谓数据所有权、数据主体权、数据库权等说法，但还没有一个精准的数据权的概念。

美国加州2018年的《消费者隐私法案》没有提及“数据权”这个概念。欧盟2016年的《一般数据保护条例》也没有提及数据权，而是用了“数据主体权”这个概念。在汉语里，“数据”一词后面直接加上“权”字，即构成了一个新词，从字面上提出了“数据权”这个说法。但是，这个词究竟有什么含义、应该有什么含义，却不是一时半会儿能够说得清楚的。

比如，数据权这个概念的内涵和外延到底是什么？数据权到底涵盖了哪些内容？数据权是以隐私权为中心的人权，还是可以任意交换的财产权，抑或知识产权？它与信息权有何异同？它是一种全新的权利，还是现存权利的一种表现形式？数据权是单个的权利，还是一束权利，或者一个权利系统？大凡一种权利，必然包括主体、客体和内容这三要素。那么，数据权的主体、客体和内容是什么？这些都不是容易回答的问题。

然而，界定数据权最大的困难还不是这些问题，而是数据权拟表达的内容本身的内在紧张，即作为不可让渡的人权的数据和作为可以交换的财产的数据之间的冲突。

有些人愿意从人权的角度看待数据，认为数据权主要是个人隐私权和公民权，故此强调数据保护和个人之间的重要联系，关注数据的可理解性、开放性和透明度，提倡扫除数据文盲，落实数据伦理，发展数据文化。他们倡导数据面前人人平等，即平等的访问权、平等的参与权、平等的决策权，避免数据精英化和数据贫民窟的两极分化，认为数据保护的有效途径之一是实行数据民主。

从人权的角度出发，个人数据（无论与身份有关，还是非身份性的）只要能通过其辨认特定个人的存在和活动的数据，都必须作为个人隐私加以保护。数据权是与个人的尊严、名誉和隐私相关的权利，是非营利性的，不能拿来交换，不能进入市场。

但是，从人权的角度认识数据权也面临一些难以解决的问题。首先，如何合理地面对数据交易。虽然数据权作为人权是不可以交易的，但在现实社会中，相当大的一部分数据交易都与个人数据有关，这已是既成事实。其次，如何有效保护作为人权的数据权。在收集数据前征求个人的同意，如何能做得到？如何有效地保护每一个人的个人数据权，靠谁来保护？即便是有完善的人权保护的法律，而且有相当负责的监管机构在行动，但如果个人对于数据权的观念薄弱，有效的保护也只能是纸上谈兵。而且，隐私保护的范围到底有多大？平等获得数据的可能性有多大？这些问题也是作为人权的数据权必须要面对的难题。再次，人权保护和经济发展之间存在着冲突。就数据而言，如何协调两者之间的矛盾，使数据得到有效的人权保障，同时也能发挥数据的经济价值，也是不能忽视的问题。

换一个角度，即从经济发展的角度出发，可以把数据看成是一种商品，而数据权就是一种财产权，数据就可以在市场上交换。数据所有者依法享有对特定数据的自主决定、控制、处理和收益的权利。这样一来，数据权的保护便可以具体化，得到财产法上的有效保护。

在数据即财产的认知模式中，人们所关心的则是动态数据环境的建设、财产权（即谁拥有、使用、收益，并处置数据的权利）的确定、数据收集的同意模式或信托模式、数据留存的适当方式、数据的可流动性及完整性，以及数据交易中的各种问题，包括数据交易的市场规则和道德诚信、公平交易原则，等等。

一种与财产数据权有关的说法是数据所有权，其主要指数据治理过程中企业对其范围内数据的合法所有权。特定组织或数据所有者可以创建、编辑、修改、共享和限制对数据的访问。数据所有权还定义了数据所有者将所有这些特权分配、共享或交还给第三方的能力。数据所有者拥有数据的所有权和版权，以确保其控制权和采取法律行动的能力。

作为财产的数据权可能有不同的表现形式，比如知识产权。美国法中有一种狭义的“数据权”（Data Rights），指政府根据民用代理机构和国防部之间的合同提供的两种有价值的知识产权（“技术数据”和“计算机软件”）的非排他性许可权。《联邦采购法规》（FAR）规定了与民用机构的数据权有关的政策、程序和条款。“技术数据”（TD）包括任何具有科学或技术性质的记录信息（例如，产品设计或维护数据、计算机数据库和计算机软件文档）。“计算机软件”包括可执行代码、源代码、代码清单、设计详细信息、过程、流程图和相关材料，其使得软件能够被复制、重新创建或重新编译，但不包括计算机数据库或计算机软件文档。这种狭义的数据权与目前人们所关注的数据方面的问题并不是一回事。

与前述美国法把数据看成知识产权的做法相似，1992 年，欧盟委员会通过《数据库指令草案》确立了数据库权（Database Right）。数据库权衍生于版权体系，以保护实质投资为目的，赋予数据库控制者对抗他人对数据库内容提取的排他权利，以及一些平衡性安排。

但是数据作为财产权也存在一些问题。不言而喻，把数据看成财产不利于促进个人隐私保护。数据一旦成为财产，就会产生垄断的问题，从而降低进一步发展的可能性，也不利于创新和技术进步。同时，也会阻碍数据成为公共资源，既起不到发展经济的作用，也不利于公益事业的开展。如果每个人都把自己的数据作为财产掌握起来，不去参加交易的话，那肯定不利于经济发展。

欧盟关于数据的态度很值得思考。欧盟的《通用数据保护条例》中使用了“数据主体权”（Data Subject Rights）这个概念，列举了知情权、访问权、更正权、删除权、限制处理权、可携带权、反对权及不受制于自动化决策的权利等，集中体现了自主、平等、透明等主要价值观。可以看出，该条例把数据权主要作为人权来对待。并且该条例规定政府有义务公布公共数据，而公民具有使用适当数据的权利，必要的时候还可以寻求专业帮助。

然而，2020 年 2 月，欧盟委员会公布了新的欧洲数据治理策略，采取了截然不同的态度。欧盟的新策略认为，个人数据是欧洲的重要资产，而共享数据是公民的义务。从保护个人隐私到促进数据共享作为公民义务，这项新战略代表了欧盟关注点的根本转变。

具体来说，在新策略的指导下，欧盟将在此后五年中通过数据信托机制为个人数据创建泛欧洲市场。公民的数据将保存在公共服务器中，并由数据信托机构管理，不允许全球技术公司存储或移动欧洲人的数据。它们必须通过信托机构来访问数据，而公民将获得“数据红利”。

“数据信托”最初是由互联网先驱蒂姆·伯纳斯-李（Tim Berners-Lee）爵士于2018年提出的，此后这一概念引起了人们的极大兴趣。就像用来管理自己财产的信托一样，数据信托可能有不同的用途，可以是营利性企业，或者为数据存储和保护而设置，也可以出于慈善目的而设置。不过，难以把握的是，如果数据信托使用不当，实际上也会剥夺公民对自己数据的权利。欧盟在对待数据上的态度在某种意义上说明了数据人权和数据财产权的矛盾。

简言之，“数据权”这个概念拟表达的内容本身存在着内在紧张。以何种原则作为指导，界定数据权将不可避免地给其赋予某种含义，而不可能两者兼顾。大数据背景下的个人数据需要保护，而数据保护的最佳途径是将其权利化，用数据权来概括权利化的核心内容应该是数据保护的最佳途径。然而，对于数据权的界定需要考虑数据的多重属性，或许应该区分能够市场化的数据权和不能市场化的数据权。个人数据、企业数据以及公共数据应由不同的法律来调整，一部单一的关于数据方面的法律可能起不到预期的作用。数据的人权保护和数据的财产保护应是两种不同的途径，即公民的数据人权和数据财产权很可能需要不同的法律予以保护。

2 数据主权

数据主权是指数据的收集、存储和处理要受其实际所在地的国家法律和一般最佳做法的约束。通俗地说，这意味着，企业必须以符合东道国的所有数据隐私法规、最佳做法和准则的方式来存储其客户的个人信息。如果企业未能或拒绝遵守东道国的数据隐私法，该国政府可以对其进行罚款或以其他方式迫使该公司履行其要求。作为数据主权措施的一部分，多个国家对企业如何处理公民的数据进行了规定，包括允许组织存储公民数据的地点和管辖范围。当企业将公民的数据转移到国外时，第三国的政府可以使用措施（如传票）来访问用户的数据，即使该公民是外国国民。

数据主权概念产生的原因，可以数上好几条，可能还得从网络主权谈起。主权概念在历史上起到过好的作用，比如帮助现代国家兴起、对抗神权统治，以及形塑现代国际秩序，等等。但它的作用到了 20 世纪后半叶就不那么明显了。随着网络空间的出现，主权概念又被激活了。人们关心的是如何治理网络空间，形成了两种不同的见解，即国家主导 vs. 多方参与（bilateralism vs. multistakeholderism），目前仍然没有共识。但是主权概念被激活了，后来被转用到数据上来。

许多人将数据主权的普及和相关讨论的兴起归功于爱德华·斯诺登的泄密事件（2013），该事件暴露了美国国家安全局（NSA）的 PRISM 间谍活动项目。作为该计划的一部分，美国政府机构从美国的科技公司（如脸书、苹果、谷歌和推特）收集敏感的个人信息——包括照片、电子邮件、社交媒体登录凭证、视频通话和其他数据。该间谍计划的问题是，国家安全局不仅收集美国公民的敏感个人信息，而且还收集外国公民的信息。这意味着，举例来说，如果德国公民的数据实际存储在北美国家，那么这些数据就会暴露给美国政府。由于担心本国公民的数据可能落入外国政府手中，世界各地的国家纷纷出台数据主权措施。

但这是与《爱国者法案》(Patriot Act of 2001）有关的。根据美国《爱国者法案》，美国政府有权访问在国内实际存储的数据，无论其来源如何。各种数据泄密事件，对我们数据的控制已经变得越来越重要。随着最近发生的多起高调的数据泄露和丑闻，政府正在采取额外的措施，以防止其公民的个人信息落入坏人手中。数据主权如今已成为一个热门话题，是政府用来保护公民数据的概念之一。脸书的剑桥分析公司丑闻，在数据主权和隐私被重视之前，企业可以（或多或少）随心所欲地使用其用户的个人信息。

这意味着科技公司可以在未经你同意的情况下，将你的个人数据卖给第三方用于广告目的。上面提到的一个很好的例子是脸书与剑桥分析公司的丑闻。剑桥分析公司通过一个名为“这是你的数字生活”的应用程序，从同意参与调查的脸书用户那里收集个人数据。然而，脸书允许该公司收集接受调查者在社交媒体平台上的朋友的数据，在未经他们同意的情况下获取了数百万脸书用户的数据，主要将这些信息用于政治广告。丑闻在2018年被剑桥分析公司的一名前雇员揭露后，该事件在消费者和政府中引发了愤怒。臭名昭著的数据泄露事件强调了数据主权的重要性，世界各地的政府都在将更多的注意力转向这一问题，以保护他们的公民免受信息泄露的影响。

欧盟最近的数据保护法，即《通用数据保护条例》(GDPR)，对组织如何处理其公民的个人信息实施了严格的规定，即使该公司在该地区以外处理数据。根据GDPR，收集或处理欧盟公民个人信息的组织必须将数据存储在本地区或提供类似数据保护水平的管辖区。此外，无论公司在哪里存储、收集或处理数据，如果它处理欧盟公民的个人信息，就必须遵守GDPR的规则。

而实际上强调数据主权声音最大的是一些国家的土著民族。这与垄断性平台的兴起有关，即平台帝国的兴起与土著民族对自己数据的关心。

由于以上种种原因，才使“数据主权”这样一个概念才成为一个热门话题。那么，数据主权所保护的到底是什么？它能做什么，不能做什么？

数据研究的一些基本的社会性问题，不外乎这么几个：数据归谁所有？数据放在什么地方，如何利用数据，如何进行数据交易，如何就数据交易征税？数据主权概念，实际上没有解决数据为谁所有、归谁所有的问题。因为数据权的界定非常复杂，它既是人权又是财产权，这对矛盾是非常难解决的。所以到现在，我们没有发现对数据权这一概念做出过非常精到的定义。即便是GDPR、CCPA，我国的《个人信息保护法》《数据安全法》《深圳经济特区数据条例》等。数据主权概念，实际上解决的是后面这几个问题，首先就是数据放在什么地方，然后是数据如何利用，数据交易如何上税，在哪上税，等等。在有些国家，可能“数据主权”这个概念是一种宣示性的作用，说这是我的领地，你不能侵犯。但是在另一些国家呢，很有可能更关注更为实际的问题，即数据交易如何征税的问题。

那么从消费者的角度来看，可能更多的是关心国内的一些平台如何使用个人的数据。以此类推，国外的公司如何使用个人数据是同样的道理。数据主权在这儿并不显得十分重要，而对于企业来说，那就非常重要了。在什么地方存放它的数据，去使用利用数据？然后征税交税等都是很重要的。但是，这里也有一个新的问题，就是大的平台和主权国家之间的矛盾。智勇的报告里面，我们看得出来这些数据平台，已经形成了所谓的 empire。它们是一种跨国、跨地区、跨领域的存在。因此，它们多多少少与主权有矛盾，除非我们在一种比较宽泛的意义上使用“主权”这个概念，包括个人的主权、平台的主权、国家的主权，等等。在英美法里面，我们知道“个人主权”是一个很重要的概念，就像个人自主一样重要。

数据主权对消费者意味着什么？从消费者的角度来看，数据主权要求规范企业如何与客户的个人信息互动，同时防止第三方服务提供商滥用数据。虽然数据主权要求并非在每个国家都被引入，也不能完全保护用户数据，但适当的法规可以阻止企业滥用其用户的个人信息。

虽然消费者往往是数据主权要求的受益者，但企业必须想办法遵守每个国家的相关数据隐私和安全法律。因此，除了了解当地、区域和国际数据隐私法之外，企业还必须为数据收集、处理和存储开发新的或使用现有的基础设施，以符合所有相关的数据主权要求。数据主权措施也可能使在云存储数据的公司的情况变得复杂。

数据主权、空间革命及智能科技的发展等，是否会引起一场法律里面的革命？

今天，我们进入了机器时代 / 数据时代，或曰智能科技时代。机器时代召唤与之相适应的法律和与之相匹配的法律认识论和法律方法论。机器时代的法律或可被称为人—物关系法、科学自然法，抑或文理混合法。不管怎么称呼，这种法律所要调整的主要对象是人和自己制造的工具的关系，包括有生命的或无生命的工具，或类人的工具，而这种关系并不是一种财产关系。

如同以往法律的发展变化一样，机器时代的法律也是建立在已有法律基础上的，并不是一种完全没有传统支持的新型法律。然而，传统法律的局限也是显而易见的。法律的主要内容是契约、财产和权利义务。就契约而论，在以太坊区块链平台上广泛应用的智慧契约本身就是运算代码的一种反映。传统契约法对它一筹莫展。就财产而论，拟真财产性质的确定是相当困难的事情，到底是拟真资源还是拟真财产尚存在争议。

更何况，该用何种法律调整拟真资源或财产也是没有定论的问题。合同法、劳动法、知识产权法以及物权法都可能适用。就权利的主体而言，当今时代，动物有权利，山川草木皆有权利，连机器人都可能有权利。这完全颠覆了传统的权利学说，需要一种新的权利学说来解释并证成这些权利的合法性。

更为重要的是，网络技术、人工智能技术等科学技术本身具有自己的规律，人为的法律可能鞭长莫及，无法发挥有效的作用。这个领域中有效的调整工具可能更多的是人们所熟悉的代码（Code），而非法律。简言之，机器时代给现有的法律及其制度提出了难题，需要人们从新的角度认真对待。传统的源自 19 世纪的法律思想和法典意识是无法应对 21 世纪的新型的动态法律关系。

有些人认为，现有的法律已经足以应对人工智能引起的和可能引起的新的法律关系，或者调控由人工智能引发的法律后果，并不需要新的专门的法律调控。持这种观点的人主要把人工智能看作一种产品，并且认为现有的产品责任法就足以应对人工智能引起的法律问题。

具体而言，如果一个机器人侵犯了别人的利益，或者导致了别人的经济损失，机器人的制造者、所有者或者编程者应该承担法律责任。然而，机器人并不是单纯的一般意义上的产品。现有产品责任法中关于产品的概念，并没有预设针对智能活动产品的内容。

无论如何，如果要规制人工智能和算法的研发，就必须赋予人工智能一定的法律地位。虽然有些国家的法律已经试图赋予机器人一定的法律主体资格，比如韩国的机器人法案提倡机器人应具有相应权利义务的电子人格，爱沙尼亚的人工智能立法把机器人看作人的代理，介于独立人格和财产之间，但很多研究者都不愿意把人工智能看作具有主体性的存在，而仅仅把它看作一种工具或者产品，不具有主体资格。

法律是在不断发展变化中实现其生命价值的。比如，工伤的赔偿最初大部分国家都采取严格侵权责任制。当一个工人受伤，雇主有过错就要给予赔偿，雇主无过错就不用赔偿。这种侵权的赔偿制不能够涵盖工伤的各种情况，各国不断改革，终于找出新的解决办法——社会保险制度。通过社会保险制度来弥补侵权补偿的不足，使工伤赔偿更加人性化。后来又发展到不管雇主有无过错，只要有工伤都要赔偿。这就要拿出一笔基金来处理工伤。在特别发达地区，只要是与工人有关，哪怕是在路上出了车祸，也要赔偿。人工智能法对机器人行为的规管，也会有一个逐渐完善的过程。

如果要制定一部概括性的人工智能法，这部法律至少应该明确立法的目的、指导原则，以及鼓励和限制的范围和内容。在精神上至少应该反映出人类对自己的创造物的掌握能力和对科学技术规律的充分尊重。

这部法律同时应该设立一个监管人工智能研发的专门机构，并赋予其相应的权力，诸如质量认证的权力、进一步制定实施细则和计划的权力、起诉违法的权力以及行政处罚的权力，并且针对这些权力大致规定实施的程序和大体要求。这个机构一定要吸收有关专家作为成员。纽约市议会新近通过的《算法问责法案》里就有专项规定，要求成立一个由自动化决策系统专家和相应的公民组织代表组成的工作组，专门监督自动决策算法的公平和透明。

3　欧盟的数据空间

2020 年 2 月 19 日，欧盟委员会提出了欧洲数据战略，并发表了人工智能白皮书。这是其更广泛的数字战略的一部分，目的是让欧洲尽快跨入数字时代。该战略雄心勃勃，意图让欧洲成为数据赋能社会的榜样和领导者：首先，希望促进更好地利用公共部门的现有数据；其次，要使欧盟的企业和公民更容易在自愿基础上提供其数据，通过自愿披露的方式收集大量数据，并将之集中起来，供流通使用。要实现这些目标需要建立一个总体框架，即一个单一的欧盟数据市场，以避免因各部门和成员国之间缺乏协同而造成内部市场的不利分割。

如何对待数据已经成为世界各国高度关注的问题。在此背景下，欧盟的这套制度是否可以借鉴是很值得讨论的。

欧盟计划在现有法律框架的基础上建立一个单一的欧洲数据空间，以促进按照 2020 年 3 月宣布的欧洲工业战略，并在遵守适用的个人数据保护、消费者保护和竞争法的情况下，将数据用于商业创新。这些法律包括欧盟《通用数据保护条例》《非个人数据自由流动条例》《网络安全法》《开放数据指令》，以及前不久通过的《数据治理法》《数字服务法》和《数字市场法》等。

此外，欧盟还希望通过提高技术互操作性，使数据收集步骤标准化，同时建立组织数据交换的单位（数据中介），降低数据使用成本。其目的是增加用于研究和“创新用户”的数据的总体跨境可用性，进一步发展欧洲单一数据市场，并开发现有的数据潜力。为此，欧盟必须进一步加强商业和社会中数据使用的管理和绩效结构。

用欧盟委员会的话说，这就是要建立“一个真正的对来自世界各地的数据开放的单一数据市场。在这里，个人以及非个人数据，包括敏感的商业数据都是安全的，企业也可以方便地获取几乎无限量的高质量工业数据，促进增长和创造价值，同时将人类的碳足迹和环境足迹降到最低”。

在欧盟数据战略中，根据不同领域分门别类创设了九个数据空间。其中，工业（制造业）数据空间旨在支持欧盟工业的竞争力和绩效，获取制造业中非个人数据的潜在使用价值。绿色政务数据空间则希望利用数据的主要潜力，支持绿色政务在气候变化、循环经济、零污染、生物多样性、森林砍伐和履约保证等方面的优先行动。移动性数据空间将使欧洲处于智能交通系统发展的前沿，包括联网汽车以及其他交通模式。这样的数据空间将有助于从现有和未来的交通和移动数据库中获取、汇集和分享数据。

健康数据空间用以确保在预防、检测和治疗疾病方面取得的重要进展，以及作出知情的、基于证据的决定，以提高医疗保健系统的可及性、有效性和可持续性。金融数据空间则通过加强数据分享，刺激创新，增强市场透明度，维系可持续融资，为欧洲企业寻求更多的融资机会，进一步促进欧盟市场一体化。能源数据空间以客户为中心和安全和可信的方式，促进数据的可用性和跨部门共享，创新解决方案，支持能源系统的低碳化。

农业数据空间通过对生产和其他数据的处理和分析，提高欧盟农业部门的可持续性、绩效和竞争力，使其在农业生产方面得到精确和有针对性地应用。公共管理数据空间则在欧盟和成员国层面提高公共支出的透明度和问责制，提高支出质量，打击腐败，并满足执法需求，支持欧盟法律的有效应用，支持从业人员在治理科技（GovTech）、规管科技（RegTech）和法律科技（LegalTech）方面的创新应用。最后，技能数据空间旨在减少教育培训体系与劳动力市场需求之间的技能不匹配。

对于“数据空间”这个概念，欧盟的数据战略以及其发布的法律中并没有明确的界定。欧盟的民间智库大数据价值协会（BDVA）于2019年4月出台的关于数据战略的立场文件中有专门的术语定义。“数据空间是一个总称，对应于任何数据模型、数据集、本体、数据共享合同和专业管理服务（即通常由数据中心、存储、储存库单独或在‘数据湖’内提供）的生态系统，以及围绕它的软能力（即治理、社会互动、业务流程）。这些能力遵循数据工程方法，以优化数据存储和交换机制，并以这种方式保存、生成和分享新知识。”这和一般意义上的数据空间有很大不同。

数据空间概念基本上是一个技术概念。数据空间是数据管理中的一种抽象概念，旨在克服数据集成系统中遇到的一些问题。其目的是依靠现有的匹配和映射生成技术，减少建立数据集成系统所需的工作量，并在使用过程中以“现收现付”的方式改进系统。

与数据库相比，这是一种形式上结构较少的数据集合。数据空间是对不同数据项的整合，通过视图来展现它们之间的关系。管理员在数据空间的帮助下，以平面的方式展示不同数据项的层次结构，使创建报表或规则变得更加容易。管理员在每次配置规则、报表或关系时，不再需要记住数据项的名称及相关的搜寻结果。

此外，数据空间还提供了在一个报表或规则中使用多个相关对象的功能。对于那些熟悉数据库的人来说，数据空间可与关系数据库中的视图相媲美。

举例而言，平时我们使用电脑的时候，经常需要找一些文档，而文档是分散在电脑里的。我们通常要从不同的渠道把它们调出来，即在不同的文档库里查找，这个过程可能费时费力。数据空间概念的产生就是为了应对这个问题，即把电脑里的所有信息集中起来，通过一个能够查找的视图把它们调出来，既省事，又快捷。

从一般意义上看，欧盟创设数据空间还是非常容易理解的。因为欧盟包括很多国家，要把各成员国的数据整合在一起实属不易。从地域上看，欧盟是一个统一的整体，但各国的数据制度却有很多差异。创设共同的数据空间不失为一项意义重大的举措。从空间的角度看，欧盟早在20世纪80年代就开始准备划分各种各样的空间，产生了不少关于空间划分的研究项目。所以说，欧盟对空间的想法是非常有历史感的，数据空间的创设有一定的基础。

欧盟规划的九大数据空间就是大数据系统中的九个子系统，也是九个规范系统。这些空间之间的边界该如何处理？比如，有些数据可能属于好几个空间，金融、工业、绿色政务、行政管理等空间可能会共同拥有一些数据。如果机械地分开就有可能引起数据的重复或者数据的疏漏。另外，各数据空间会不会有什么互动？按照系统论的观点，大系统里面的子系统之间既是封闭的，又是互动的。也就是说，这些数据空间很可能会存在一些引起纠纷和冲突的因素。

在欧盟的数据空间定义里，数据空间也被看作是一种生态系统及与之相适应的软性因素。这表明一个数据空间就是一个大环境，甚至是一个单独的世界。可以想见，这就不仅仅是制定一些规则划分地盘的问题，它还牵涉到制度设计、技术支持、人员培养等多层次、多方面的因素，应该是一个比较复杂的系统。别的国家和地区有可能从中吸取宝贵的经验，仅就它对数字技术人员培养的设想而论，就有很大的启发性意义。

欧盟数据战略规划提要里的数字显示，欧盟现有掌握基本数字技能的人口占欧盟全部人口的57%。这个数字是很了不起的，意味着欧盟有一半以上的人拥有基本数字技能。按欧盟的规划，到2025年，欧盟总人口的65%将拥有基本数字技能。

相比之下，中国现在具有基本数字技能的人口比例远远落后于欧盟。中国的教育机构应该把培养和提高全民数字技术素养作为一个重要任务来对待。如若不然，我们在数字世界里将无法和欧盟一争高下。

由于存在文化、制度、发展程度，以及数据政策上的差异，欧盟各国对于共同的数据市场的反应以及具体执行的程度可能也会有所不同，但采用数据空间应对数据保护和利用的需要和难题破解方法仍然有可以借鉴的地方。目前，世界各国在数据保护和数据利用方面还没有更加有效、更为合理的规定和安排。

4 数据资源与区域治理

在这里，主要强调两点。首先说先进的区域治理是什么含义，接下来再强调一下数据资源。第一点，什么是先进的区域治理？我认为所谓“先进”应该是与时代同步，与科技同步，与发展同步。而与时代同步，实际上是与科技同步并行不悖的。我们这个时代被描述为人工智能的时代、算法社会的时代、数字时代、数据时代、后 × × 的时代等。在这种种说法中，我们看到最主要的是数据时代。数据时代最重要的是数据资源。我的基本看法是，数据资源是先进的区域治理不可或缺的要素，区域的自主性与不确定情景下新思想的开发最为关键，而法律与政策的交互调整可能是最主要的治理方法。第二点，我想要强调，我们应该充分认识到数据资源的一些特点。这包括数据的多样性、数据的可数性、数据的非竞争性、数据的通约性以及数据的社会性等。数据的多样性要求人们把握数据的竞合性，对数据予以整合，比如建立统一的数据标准。数据的可数性表明，数据是可以按条计数的，也就是可以共享，可以进行交换的。因此，数据是可以进入市场流通的。数据的非竞争性表明数据并不像《经济学人》杂志上说的，它是一种石油。石油是可以枯竭的，而数据不存在枯竭的问题，也不存在完全占有的问题。数据的通约性表示：中国的数据美国也可以用，美国的数据中国也可以用；个人的数据企业可以用，企业的数据个人也可以用。数据的社会性表明，数据资源并不仅仅用于科技方面，它也用于社会人文方面，用于解决社会问题，因此它具有更广泛的社会性。数据资源是数据资产，也是数据资本。对数据资源的开发、利用、保护和分享，最关键的是要合理地界定数据产权。解决好数据产权问题是数据资源利用和保护的关键。这些权利包括消费者的权利、企业的数据权，以及政府的权利。我所谓的数据产权，既不是深圳数据条例里面规定的数据权，也不是以往的数据所有权，更不同于欧盟《通用数据保护条例》里面的数据主体的权利。数据产权在这个意义上近似于我们所说的知识产权，是和知识产权并驾齐驱的一套权利。个人数据作为个人的数据产权、企业的数据作为企业的产权以及公共的数据产权，这些都是非常重要的。那么先进的区域治理应该考虑如何面对数据交易，如何有效地保护数据产权，如何保障平等获得数据的可能性。数据权利界定需要考虑数据的多重属性，要区分能够市场化的数据和不能够市场化的数据、个人数据；企业数据以及公共数据应该由不同的法律来调整。建立一个公平、公正的数据市场也是一个非常重要的问题。可以肯定的是，现有的公平贸易原则、市场的规则以及反垄断的规定等，都是健康的数据市场所需要的基本原则。区域治理应该充分发挥区域的能动性，在全国尚未形成数据产权体系和建立数据市场之前，先行一步，努力开发并运用当地的数据资源，合理地界定数据产权，建立健康的数据市场，在全国范围内起到示范作用。

5　欧盟的数字罗盘

2021 年 3 月，欧盟委员会发布了被称为“数字罗盘”（Digital Compass）的计划，试图把欧盟的数字十年目标转化为可具体操作的方案。毫无疑问，这是一个重要的一揽子计划，也是一个行动方案。

数字罗盘除了可操作的措施外，还包含一个基于制衡原理的治理框架，便于欧盟机构与其成员国之间的流畅沟通，并制定政策协调不同的期望和计划，同时也赋予在数字转型中发挥重要作用的其他利益相关者有效评估和监督的机会。

根据欧盟委员会的解释，数字罗盘的基本框架包含四个重要支柱，即技能、基础设施、商业、政府。其主要内容包括：一是通过包括培训在内的各种措施，增加拥有数字技能的人口和高度熟练的数字专业人员。按照这个目标，到 2030 年，欧盟至少有 80% 的人拥有基本数字技能，同时会有 2000 万名智能科技方面的专家，而且女性专业人员的比例也会大幅度增加。

二是发展安全、可持续的数字基础设施。千兆位连接网络将覆盖所有欧洲家庭，而所有人口密集地区都会用上 5G 网络。力争到 2030 年，欧洲的半导体产值占世界的 20%。欧洲在高性能计算、数据基础设施，包括欧洲的云计算基础设施和量子技术能力方面都将处于领先地位。到 2025 年，欧盟将拥有第一台具有量子加速的计算机，并引入相关机制，衡量欧洲公司使用的数据中心和电子通信网络的能源效率。

三是加强企业的数字化转型。到 2030 年，75% 的欧洲企业将使用云计算服务、大数据和人工智能；90% 以上的欧洲中小企业将至少达到基本的数字化水平。欧洲将发展具有一定规模的创新企业，并改善其融资渠道，从而使独角兽企业的数量增加一倍。

四是公共部门和服务的数字化。主要的公共服务将全部实现在线提供，80% 的欧盟公民会使用欧洲数字身份。政府作为一个平台，以先进的能力，如数据处理、人工智能和虚拟现实，全面且方便地提供公共服务。此外，欧盟国家将会有安全的电子投票方式，并且使更多公众参与民主生活。

欧盟的数字罗盘确确实实是一个非常宏大的计划。当然，这个计划也是欧洲数字未来战略框架的一个环节，如果其得以实现，那就是对欧盟智能科技方面潜力的最大发挥。然而，批评者认为，该计划存在着很多问题，比如对数据主权概念的表述不够明确，忽视了有关地缘政治等方面的因素。

而在众多的问题中，最根本的问题是：这个计划是否能够在 2030 年实现？从《通用数据保护条例》到《数据治理法案》《数字服务法案》《数字市场法案》，从数据主体权利到数据利他主义，从数据空间到数字罗盘，欧盟在过去几年里确实花了很大力气，也有不少概念创新。为了在智能科技市场上占有一席之地，欧盟确实下了血本。但是，欧盟是否会如愿以偿？是不是已经失去了挑战智能科技市场的机会？

有批评者认为，欧盟在科技方面虽然也有坚实的基础，但是它毕竟不如美国。而现在，它又必须面对日益强大的亚洲。故此，欧盟意欲占领市场份额和位置的目标很可能不太容易实现。

另外，智能科技市场本身的一些规律，比如先入为主的规律，致使后来者很难再进入竞争。这完全不同于传统的市场。目前，在称霸世界的智能科技平台巨头中，没有一家是属于欧洲的。

就目前的情况来看，欧盟要实现数字罗盘制定的目标似乎非常困难。独立智库“欧洲之友”的创始人伊莱斯·梅里特认为，只要看一眼27个成员国的不同状况，就会明白，到2030年5G连接可能不会普及，十分之九的小企业不会达到“数字化高度”，而今天欧盟近百万的数字专家缺口不可能转化为2000万智能科技劳动力。

数字罗盘预期，到2030年欧盟能够生产世界上20%的半导体，同时开发自己的超高速量子计算机。但现在，欧洲的半导体公司在一个由美国和亚洲巨头主导的行业中只占资本投资的4%。全球半导体制造业巨头——美国的英特尔、韩国的三星和我国台湾的台积电在欧洲的投资规模是欧洲本土企业难以望其项背的。西门子下属的英飞凌（Infineon）公司在奥地利维拉赫的最新半导体“代工厂”的成本，还不到台积电在台湾南部投资200亿美元的巨大工厂的十分之一。

当然，欧盟的数字战略能否成为现实也取决于欧盟各成员国之间的认识统一和制度上的协调。数字化是越来越多国家的国家战略和欧盟政策的一部分，但它在“政治”方面还没有达到同样的发展水平，这在很大程度上不同于政策领域。

数字罗盘的政策方案旨在使欧盟委员会能够与成员国合作、启动并塑造多国项目，包括建立一个共同的、多用途的泛欧互联数据处理基础设施，以使数据的交换和共享更加容易。还有计划在泛欧部署5G走廊，用于先进的数字铁路运营以及互联和自动移动，旨在保障道路安全并实现绿色交易目标。

虽然各国有类似的政策治理结构，但每个成员国在这个问题上有不同的地缘政治愿景，这有可能推迟数字计划部署的范围和程度。数字罗盘还需要致力于在成员国之间建立政治信任措施，使数字罗盘成为欧盟范围内整体治理的指导思想，用于所有可能在政治和地缘政治上采取的有关数字化的决策过程。

就安全和防卫而言，成员国在试图定义欧盟范围内面临的威胁图景时存在巨大的分歧。在数字政策（政治）世界中，每个成员国都有不同的优先事项和能力。理解、建立信任措施和政治信息共享文化对于将“数字政策”转化为实际的“数字政治”至关重要，这恐怕需要很长时间才能实现。

当然，造成分歧的一个更重要原因是欧盟数据政策的内在矛盾。一方面，欧盟希望确保欧盟的数字化愿景是基于开放社会、法治和基本自由等价值的。另一方面，欧盟又希望能建立起自己的数据市场，从事数据交易。如此，既能保障数据的人权内涵，又能促进数据经济的发展。所以，在数字罗盘中，欧盟又强调了数字权利和原则的重要性。

数字罗盘概述了一套“数字权利和原则”，并把它们与四个主要支柱相联系。某些权利已经写入欧盟法律，其中包括：言论自由、获取信息、在网上设立和开展业务的自由、保护个人数据和隐私，以及保护个人在网上空间的智力创造。数字罗盘期望欧盟居民普遍能获得互联网服务，并享有一个安全可信的在线环境。它的主要原则包括：普及数字教育和技能，以使人们能够积极参与社会和民主进程；开发尊重环境的数字系统和设备；提供方便的、以人为本的数字公共服务和管理，坚持以人为本的算法道德原则；在网络空间中保护儿童并赋予其权利，以及保障人们获得数字医疗服务的权利。

如果能出现一种双赢的局面——既能有效保障数字时代的人权，又能促进数据经济发展、实现数字化转型，乃至发展出新的数字文化、提高全民的数字素养。那么，欧盟所发挥的示范作用将是无可比拟的。

6　数据垄断

前不久发生了一件很有意义的事情，就是网络销售巨头亚马逊公司在纽约市的败北。亚马逊想在纽约建立第二总部，但未能如愿。

众所周知，亚马逊是一个非常庞大的销售平台。起初，它不过是一个在线书商，但是后来其触角伸到了各个领域。今天，它在世界上的位置越来越重要，其创始人杰夫·贝佐斯（Jeff Bezos）据说是当今全世界最富有的人，也是一个非常高傲的人。

美国的高新企业基本上都在西岸，大都集中在硅谷，东岸不多。亚马逊如果入驻纽约，对纽约政府和老百姓来说，应该说是一件大好事。纽约的经济收入、就业率都会大有改善，这似乎是一件利国利民、皆大欢喜的事情。但是纽约最终还是拒绝了亚马逊。为什么呢？原来，纽约的一些中产阶级和老百姓对亚马逊怀有一种恐惧感，害怕亚马逊进入纽约之后一家独大，会损害纽约多元的经济、政治、文化特色。于是，他们便组织抗议，使得亚马逊最终不得不放弃它的计划。

显而易见，这是一个典型的反垄断的例子。

在进入数据主义背景下的算法社会后，数据垄断的趋势越来越明显。在数据的收集和使用方面，都存在着少数企业平台垄断的趋势。网民能使用的网络平台为数有限，且比较集中。互联网平台用户的集中就意味着数据的集中，数据的集中就意味着数据市场的垄断，数据交易者就不可能以平等主体的身份进入市场。而数据垄断者则可以轻而易举地将所收集到的数据随意交换，以满足他们使用数据的目的，从而获取高额利益。

当然，那些具有垄断能力的企业和平台也面临着来自全球的监管压力。就法律和政策监管而言，很多国家都有不同形式的反垄断法或竞争法。比如，英国财政大臣曾提出将从2020年起针对科技巨头在英国获得的巨大利益征税，而欧盟的反垄断法律以及新近实施的《通用数据保护条例》对垄断行为都有比较严格的监管规定，美国的反垄断法更是详尽。中国2006年制定了《中华人民共和国反垄断法》，该法第六条规定，具有市场支配地位的经营者，不得滥用市场支配地位，排除、限制竞争。最近，谷歌被欧盟认定滥用市场支配地位而予以巨额罚款。但是，人工智能时代的数据垄断案件有其新的特点和要求，现有的法律并不能完全适应新的时代，需要新的立法。

科技巨头虽然主要目的在于盈利，但它们也会顾及社会利益和道德要求，故此会以积极的态度应对监管。不过，有些科技巨头所采取的措施发人深省。比如，有些公司雇用了曾经任职于相关政府部门的高官，担任法律顾问，应对政府的监管。这步棋的妙处在于，这些官员可以运用自己的专业知识和社会资本为公司的合规作出贡献。但同时，他们也可以运用同样的知识和社会资本，有效地规避政府的监管。

不过，亚马逊在纽约被挫败不仅仅是经济上的问题，更重要的是它的文化意义。经济上的垄断并不是最严重的后果，更加令人担心的是，在数据时代文化上的高度简单化和随之而来的人的心智的退化。

纽约人拒绝亚马逊的另一层含义是对于文化多元的关注。当今世界，恐怕只有像纽约这样的城市才称得上世界都市，罗马、巴黎、伦敦这些名城，在文化多元方面，显然远远落后于纽约。走在纽约街头，无论人种、语言、饮食，还是购物中心、商品、现代建筑，都很难让人感到纽约是美国的城市，而更像一座属于世界的都市。而多元就是纽约的代名词。所以，纽约人担心的，更多的可能是亚马逊入驻后对他们多元文化的侵蚀。

网络平台通过各种技术和人为的手段，为消费者量身定做消费指标，培养他们的消费习惯。这种设计也延伸到阅读、审美、认知及各个文化等领域。它们为消费者营造了一个非常方便的生活世界，以算法排名的手法，告诉消费者什么是最好的、什么是最时髦的、什么是大众最喜爱的等。

我们经常会看到网上流传着形形色色的排行榜。比如，有史以来最有名的十本书、某个行业最重要的二十位专家，甚至世界诗歌史上最美的十首诗，等等。这些排行榜好像是具有公认的性质，但它们的真实性质只不过是经过营销者刻意组织的广告而已，反映的只是个别人或者若干人的看法，并不能反映所涉及的产品的质量，也代表不了大多数消费者的心声。通过诸如此类的做法，网络平台将消费者带入为他们提前设计好的轨道。消费者可能会觉得，这没什么关系，只要方便，符合我的喜好就行，不必计较这些大公司会把我们带向何处。

这种在消费上的刻意引领等于在文化上限定人的认知范围，而人的认知范围的限定则会导致人的心智减损和衰败。

更需要进一步反思的是，人工智能、大数据、网络平台、算法等都是人类智性的产物，反映了截至目前人类智性发展的最高水平。那么我们这个世界为什么又会是一个没有智性的世界呢？吊诡之处就在于此。

塔普林在《迅速破局》中警告我们：如果我们每天沉浸在网络世界，不加判断地接受送到我们面前的选择，我们很有可能会停止积极思考，久而久之，可能会失去思考的能力。换句话说，我们的智性很可能就会萎缩，或者不能尽量地发挥。我们很可能就会满足于生活在一个被设定的、貌似开放但实则封闭的空间内。正应了一句老话：“井底蛤蟆井底好！”这似乎有点骇人听闻，但仔细想来，并不是没有道理。

第四编

网络空间、算法与社会公正

1　虚拟存在的时代

我们所处时代一个明显的特征是虚拟存在。离开网络，没有人能够生存下去，互联网其实起到了重新界定人生的意义。网络世界也有它的自由、法律与秩序。人在法律秩序中主要是以权利和义务的方式存在。在网络世界里人的自由和权利应该受到什么样的限制，实际上又受到了什么样的限制，是虚拟存在的首要问题。

互联网的存在使人的生存分成两种：一种是现实的、真实的生存；一种是网络的、虚拟的存在。人们现在都生活在真实世界和虚拟世界中。

在真实世界里人有讲话的自由，那么在虚拟世界里人也应该有讲话的自由。面临两个世界，个人应享受的权利或者应尽的义务是双重的。从交流、交往的角度看，网络世界或虚拟世界可能比现实世界更重要。人既是一种自然的动物，又是一种社会的动物。在网络世界里，我们可以和不同国家、语言、肤色、种族的人随意交往，在现实世界里，可能就做不到这一点。那是因为我们的真实存在受制于各种各样的条件的限制。比如，时空的限制、语言的限制、种族的限制、国家的限制、性别的限制、信仰的限制、职业的限制，以及社会地位的限制。

所有诸如此类的限制，在真实的存在里是硬性的（hard）、难以逾越的限制。而由于这些限制的存在，我们的自由也受到各种各样的限制，范围变得非常小。但是在虚拟存在里这些限制都变成了软性的限制。比如说时空，时空的限制在互联网上要比实际存在的限制小得多。同样是交流，在现实世界中一个人的性别、种族、年龄、职业、社会地位、相貌等大体上很难保密，但在虚拟世界中这些个人信息则不会轻易获知。

互联网在很大程度上重新界定了人的存在，使人的存在变得更加自由、方便。由于摆脱了现实中的时空限制，一个人的存在不只是当下的存在，而且可能是永久的存在。死亡很可能只是真实存在的终结，而虚拟存在并不因为个人的离世而结束。在这个意义上，虚拟存在是真实存在的延伸。

同时，互联网的一个重大的作用是它提供了把个人变成世界公民的可能性。网络空间是一个跨国界、种族、语言的世界。因此，它的法律和秩序应该是适合于整个世界的，而不仅限于某一个国家。互联网的法律与秩序，应该是世界性的法律与秩序。在这个意义上来说，西方人，尤其是欧洲人提倡的所谓的世界法（cosmopolitan law）、环球法（global law）并不是不值得追求的目标。

网络世界的法律与秩序到底有什么样的内涵？如果仔细去思考，按照常理来推断，既然网络世界或虚拟世界是真实世界的反映，而虚拟世界的法律与秩序就是真实世界的法律与秩序的反映，那么真实世界的法律就应该适用于网络世界。如果这个前提站得住脚的话，那么在现实世界法律秩序中的那些所谓权利、义务以及各种各样的法律都可以适用于网络世界。

契约的概念就应该适用于网络世界，财产的概念也应适用于网络世界，侵权的概念也适用于网络世界。具体而言，适用于真实存在的法律关系的合同法、产权法、诉讼法等也同样适用于虚拟世界的法律关系。而要约、承诺、所有权等法律概念，也就自然而然地成为虚拟存在的理论术语。

2 网络空间的法律与秩序

对于同一事物，由于关注的重点不同、观察的视角不同，所看到的结果也就不同。就互联网而论，生意人关注的是网上的商机，自由主义者关注的是网上的权利，政府工作人员则更感兴趣网上内容的治理。网络已经渗透到我们生活的各个角落，离开网络，似乎已经很难生存下去。互联网起到了重新界定人生意义的作用，而网络空间也发展成了另一个世界。这个世界肯定也有它的法律与秩序。只不过，我们目前还不完全清楚网络世界的法律与秩序到底是怎么一回事。它是不是和现实世界里的法律与秩序一样，两者有什么相同和不同的地方？现实世界里的法律与秩序主要是对权利义务的保护和限制；在网络世界里，我们的自由和权利应该受到什么样的限制，实际上又受到什么样的限制，这些都是需要认真对待的问题。

当我们在谈网络秩序的时候，有两种可能性。一种秩序就是网络自身的科技秩序。这种秩序不光是自主的，而且是自创生的。怎么样一步步地顺着它的程序操作，才能上网，找到需要的资料或是做研究，这是网络固有的秩序。另一种是人为的秩序，也就是法律秩序。互联网自身的秩序并不完全依赖于法律，而主要是靠技术系统建立起来的。法律只能调整互联网上的活动，而无法自主地调整互联网自身的系统。如果按照哈佛大学莱斯格教授的说法，互联网是由法律、代码技术、社会规范及市场这四者共同调整的，那么，法律的作用可能并不比其他几种系统更为重要。因此，在思考网络空间的法律与秩序时，“网络法治”这个概念其实不是太有用，还需要把其他因素纳入思考范围。这和用法律调整现实中的社会经济关系是很不同的。在现实中，就治理而言，其他因素几乎不可能和法律互为选择。法律可以渗透到人们生活的各个角落，调整各种关系，一切都可以唯法律是从。

网络空间是一个超国界、种族、语言的世界，因此，理想地说，它的自由和秩序应该通过世界性的法律来保障，而不仅仅由某一个国家的法律来调整。但由于某些具体的原因，某些地方可能会有自己的网络秩序。比如，欧盟的互联网基本上是通联的，它们拥有一个共同的秩序。但是在整个网络范围内，一个世界性秩序的形成还是很困难的。虽然理想的网络世界的法律与秩序应该是世界性的法律与秩序，但是现实存在的确是一种民族性的或者国家性的、有界别的秩序。

现实世界里有合同法，网络世界里也就应该有合同法。现实世界里有物权法，网络世界里也就应该有物权法。现实世界里有侵权的概念，网络世界里也就应该有侵权这个概念。而现实世界中的权利义务也应该适用于网络世界之中。比如，《民法典》合同编适用于现实世界里的合同，要约、承诺等概念同样适用于网络上的合同行为和关系。

然而，尽管网络世界的法律与秩序很可能就是现实世界里的法律与秩序的移植物，但是它们仍有很大的不同。现实世界的法律，比如刑法，是不是可以直接应用在网络上？在没有法律明文规定的情况下，如何来判定某种行为是否为网络诈骗？法官可能会引用现实世界有关诈骗的规定来判断某一个网络行为是不是诈骗行为。但是，因为网络有它的特殊性，存在与现实世界不同的地方，法官就需要了解那些不同的地方是什么，他们有义务去解决这个问题。在事实和法律不太明确的情况下，法官必须要靠自己的智慧，靠自己对《中华人民共和国刑法》和中国法律制度、法理的掌握去判断。大概可以找出几个要素来，什么样的要素构成网络诈骗，而对于网络诈骗应该采取的态度是什么。总而言之，网络世界会出现很多问题，虽然网络世界法律与秩序的问题和现实世界里面有相通的地方，但也并不完全相同。这是需要具体对待的。

网络世界里的合同和现实世界里的合同有些并不一样。比如，区块链中使用的智能合同，它的生成本身主要是由技术规律掌控的，法律只起辅助性的作用。再如，网络财产，它的特点也和现实世界中的财产的特点不一样，游戏用的代币、装备等既是财产又是资源，其性质远比真正的财产复杂得多。再比如，网络侵权，它也不同于现实世界里的侵权，严格责任原则很难适用于网络侵权。

仅从法律治理的角度来看，另一个明显的问题是，在互联网世界里，我们是不是还会沿袭所谓的西伐利亚二重奏，即由《西伐利亚和约》开启的现代法律的国际 / 国内二分法格局。这种分法实际上忽视了很多其他类型的法律，比如说不是由国家立法机关制定的习惯法、洲际法、区域法，等等。

既然网络法律治理是一件全世界的大事情，那么有没有可能制定一部世界性的网络法？如果可能，那么它是一部什么样的法？它有什么样的原则？比如说，有没有可能有一种世界通用的网络合同法？在现实社会中，有全世界通用的合同法《联合国国际货物销售合同公约》；在仲裁领域里，有《纽约公约》，它适用于全世界的。所以，一部全世界通用的网络合同法应该是可能的。

3　互联网打破了哪些限制？

人生受到时空的限制。不管你是达官贵人，还是贩夫走卒，出生在什么时候，生活在哪个时代，你总是在具体的时间和空间中生存的，这是生命存在的状态，无人能够改变。但是互联网的存在，使得我们的存在状态分成两种：一种是现实的、真实的生存；一种是虚拟的存在。

一是受到时空的限制。它限制我们只能在这个时间、地点活动。这是一种非常严格的限制，当然这种限制现在随着科技的进步越来越弱了，以前是很强的。之所以我们中国人的方言特别多，在一个地区隔着一条河，河两边的人说话都不太一样，那是因为人们缺乏交往，当时那种地域限制没有办法克服，现在就很不一样了，有很大的进步。尤其是有了网络之后，这种限制很多已经减弱了，但限制还是存在的。

二是语言的限制。我们懂汉语，幸好我们有文字，没有文字的话，杭州人、上海人、广州人就很难交流了。但是尽管如此，尽管我们懂汉语，这个限制还是非常大，就有了推广普通话的需求。为什么要学一门外语？为了要扩大你的眼界，让你成为更成熟、更明智、更聪明，你需要一种别的语言，一种能够和公众交往的语言。也就是说，我们有两个层面：一个层面是，我们现在的、既在的这样一个真正存在；还有一个层面，我们可以扩展到整个世界中去。从某种意义上来说，我们现在的这种存在，这种双重的存在，现实的存在和虚拟的存在，使得我们成为世界公民或者说地球公民的可能性大大地增加了。一个所谓与时俱进的、明智的、想要走在潮流前面的，或者说进步的人士，一定会作这种考虑，一定不会满足于仅仅和周围的人交往，他一定会和其他地方的人交往，如果没有一种互相都能够听得懂的语言，就很难进行这种交往。所以，现实里有语言的限制。

三是种族的限制。这是个没办法改变的事情，当然，这里是种族是广义的，这就是说基因、血液决定了你的身份。比如说亚洲人，像我们中国人或者日本人，在美国无论学识如何，从事何种职业，总是摆脱不了被人看作亚洲人。因为那是由你的种族所决定的。尽管我们提倡种族平等这样一种好的见解与希望，但是种族的事情，某种意义上来说确实是一种限制。当然，对这种限制也有不同的看法，有的人不认为这是一种限制反而觉得是一种优点，有人说我骄傲我是黑人，或者白人骄傲他是一个白人，他觉得这是一个具有优越感的事。当然，这是一个方面。而从另一个方面来看，互相之间有这种不平等的情绪，就不能很好地交往、相处，实际上种族也是一种限制。

四是国家的限制。现实中，很有意思的一件事情是，这个地盘是谁的？中国的土地、美国的土地、俄国的土地是谁的？谁敢说这片土地是我的？你什么时候拥有的这片土地，谁给你的土地？从这个道理上来讲，没有一个国家，没有一个人可以说这片土地是我的。那是自然界本来就存在的，你不过是把它占领了。我们划一块儿地盘说，这个地盘叫美国，那个叫加拿大，这是人为的、后天划分的。而且成立了一个机构，叫作国家。就是在 14、15 世纪之后，慢慢形成了国家主权概念，划分为各个国家，画地为牢把自己圈起来，把别人隔离开来。这种做法实际上是很主观的，没有什么太多的根据和道理可以说这个土地是你们国家的，所以别人不可以来。之所以存在这样的国别，那是因为某个国家把一块地盘占了，说这是我们的土地，别的国家不能去。所以，这是一个没办法解释清楚的东西，但事实上就这样存在着，就是所谓的国家、地区的限制，人为的限制，可确实是一种限制。

五是性别的限制。我们人类对自己的研究非常肤浅，甚至不知道我们到底是谁，都有哪几种类型，我们到底有什么样的性别，我们不是很清楚。所以为什么现在有一些国家或地区，承认同性恋，那是因为那里的人对人性有了进一步的认识。我们确实不是只有两种性别——男性和女性。但是这两种性别就限制住我们了，男人能做的事情，有的女人就不能做。当然，对这种差别也会有不同的看法。差别必须要承认，不承认的话是自欺欺人。但是，承认这种差别，在于能够如何使它在最好的意义上来发挥优势，而不是利用这个机会或者剥削这个机会。

信仰的限制也是真实存在的。比如说基督教国家、伊斯兰教国家、犹太教国家，这些信仰直接影响它的个人的行为。比如说，信仰犹太教比较虔诚的那些教徒，会戴着小帽。他们会受到信仰限制，这也是一种限制。

职业对人的限制也是很大的。比如说教师，人们对教师的职业形象有一种印象，比如教师上课，穿着拖鞋进来那就不合适了。对于律师、法官，人们对其职业形象也有一些希望，也有职业本身的限制。他们发表什么言论，会有一定影响的。

最后是社会地位，每一个人的社会地位不同，对人也是有限制的。一般老百姓不知道那些高官是怎么生活的。他们出行也受各种各样的限制。他们受到的限制要比老百姓大得多，话也不能随便说。

所以诸如此类的限制，在真实的存在里面是硬性的限制，我们基本上没办法。而由于这种限制的存在，就使得我们的自由受到各种各样的限制，范围变得非常小。人生最期盼的问题是自由，但首先要活下来，活下来后的第一件要事就是自由，自由地做什么事儿，没有人干涉或者尽可能少地受到干涉。我们现在讲究幸福，幸福的第一要义就是自由，没有自由的话，就谈不上幸福。所以，这种限制还是一种致命的限制，是对自由的限制。

但是在虚拟存在里，就是第二种存在里，你会发现这些限制都变成了软性的限制，或者几乎没有了限制。比如，时空的限制在互联网上是有的，但是这种限制远不如实际存在的限制那样严格。我现在发一封 Email，发过去之后欧洲人、美国人立刻就可以读。这个限制显然就减弱了，交流的范围可就大了。语言的限制也因为我们现在学了英语、法语、日语而变小了，你可以和不同国家的人在网上聊天，你的交流范围扩大了。在网上很快你就能看到其他语言的很多文字资料，因为你的语言不受限制，再加上网络空间也不受限制或者说受限制很少。性别、职业、社会地位这些限制那就更加少了。因为你在网络上面可能发现，你跟人们交流的时候，很多人大概都用的是假名，用的是不同的头像，你不知道他（她）的性别、职业、社会地位，就是说你可以不受这些限制。当然，当你跟人进行实质性交流的时候，人们还是会知道你是谁。那种限制是属于内在的限制，内在的实质性限制是没办法改变的，但是外在的限制基本上都可以改变。信仰的限制，在网上除非你表明你的信仰是如何，一般的情况下，别人是不会清楚的。比如说，你信教或不信教，别人是没办法知道的。但是在现实社会里面，一看就知道你有没有宗教信仰。种族的问题也如此，你不说，更不会有人知道。国家就很难说，除非像我们这样一个传统文化比较强的地方，你一说话别人就可能知道你是哪里人。一个日本人和韩国人，在网上说话的时候，很难看出属于哪国。但是，中国人一说就很清楚，因为我们所受的传统文化的教育不同。

4　网络霸凌：美国的对策

社科研究网（SSRN）是设在美国的一家学术网站，是一个开放的信息共享平台，近年来很受世界范围内众多学者的欢迎。该网站上，除了有最受欢迎的文章和最受欢迎的作者的排行榜之外，也有关于热点问题研究的排行榜。真没想到，根据该网 2017 年的排名，最近几年社科学者们关注的热点问题之一乃是所谓的“现代霸凌”。这是意料之外但又在情理之中的。霸凌是人类历史上挥之不去的恶习，凡是有人的地方就存在霸凌。历史上“恶霸”这种人层出不穷，不仅官民之间、上下级之间、领导与群众之间存在霸凌的现象，同事之间、朋友之间、亲人之间也难以幸免。其表现形式也随着时代变迁，种类、程度各有不同。霸凌的种类包括肢体霸凌、言语霸凌、关系霸凌，即伤害跟受害人有关的人士或朋友，借以孤立受害者等的非直接霸凌。在网络时代，霸凌也与时俱进，从现实世界走向拟真世界。然而，尽管媒体对因遭受霸凌而轻生的事例也时有报道，但令人遗憾的是，民众对于霸凌的严重性还没有足够的认识。

“现代霸凌”最主要的表现形式就是网络霸凌。由于网络的匿名特性，用户只用一个假名，即可游遍整个网络。实施网络霸凌的人因此会毫无顾忌地对他人使用言语暴力，以各种形式羞辱特定网民或网络群体，或者把受害人的个人数据公开“爆料”，或者匿名诽谤等，花样很多。霸凌通常会给受害人造成心灵创伤、扭曲，甚至严重抑郁。如果受害人是学生，轻则会影响学习成绩，重则可能导致受害人轻生。自2000年以来，全美就有20多位12—18岁的少年因忍受不了霸凌而放弃了自己的生命。

这种恶习可能与人的性格有关，也与社会文化的品格有关。有些人为什么要欺负别人？为什么总是被人欺负？是因为生性如此，还是后天习得的？到现在也没有科学的结论。基于人性的分析具有哲学意义上的重要性，可以帮助我们深刻认识霸凌这一现象的性质，但对于有效遏制或根除霸凌并不是特别有用。开展道德教育，培育没有霸凌的社会文化一定会有助于事情朝好的方向发展，但还是不能根除这一痼疾。如果要对症下药，法律不失为一剂应病良方。美国在此方面的经验可供我们借鉴。

在美国，网络霸凌大部分发生在脸书上。中小学生仍然是最大的受害群体。根据美国一些机构在2015年的调查，被调查的南部一个较大的学区遭受过网络霸凌的学生占25%。在有些地方，情况更为严重。另一项研究表明，体重超重的青少年中有60%遭受过网络欺凌。

针对这种情况，美国各州都制定了相应的法律和政策。有的州用一部法律专门管辖霸凌及其类似的行为，有的州关于制止霸凌的规定分散在不同法规里，有的州则把有关制止霸凌的规定纳入该州的刑法典里，各州的情况不尽相同。不过，截至目前，美国并没有一部统一的联邦法律管束网络霸凌行为。各州对这种法律的称谓也各不相同。有的州称为网络霸凌，有的州称为电子骚扰。除了法规，尚有指导各地区和学校的政策模板，感兴趣的学校可直接采纳。绝大部分州既有法律，又有政策。这些法律和政策主要以现实中有关制止霸凌的立法为基础，纳入了关于网络霸凌的内容。

以纽约州为例，《纽约州教育法》《纽约州社会服务法》《纽约州行政法典》都有有关制止霸凌和网络霸凌的规定。同时，纽约州也有相应政策和供教育机构采用的政策模板。《纽约州教育法》第10条指出，学生的学习和取得优秀成绩的能力，以及学校教育自己的学生的能力，都有可能由于霸凌而有所降低。州政府的政策是为所有在公立学校学习的学生提供免于歧视和骚扰的环境。立法的目的就是在公立学校中培育文明的行为，预防并禁止与学校的教育目的相违背的行为。就如何正确使用互联网，该法规定，州管辖范围内的各学区都应引导学生适当安全地使用互联网，包括从幼儿园到12年级的学生。校园霸凌和网络霸凌，一般发生在校园里，但如果该行为发生在校园外，校方和有关部门是否有权追究霸凌施加者的责任？2010年签署、2012年生效的参议院法案《为了所有学生的尊严法案》认为，发生在校园外的霸凌行为同样会妨碍教学秩序，影响学生的学习能力，违背学校培育文明校风的意愿，并有可能会干扰受害者的健康生活。不过，有相当一部分州并没有采纳这种规定。纽约州有关制止霸凌的法律和政策明确禁止针对种族、肤色、体重、原国籍、民族、宗教及宗教实践、残疾、性倾向及性别等特点施加的霸凌行为。

2010年12月，美国教育部就各州的反霸凌法律做过一次调查，归纳总结了各州此方面法律的一些相同的地方，大致包括立法目的、立法范围、具体禁止的行为、具体特征举要、制定并执行地方教育部门的政策、该政策的内容、审核地方政策、告知计划、防范培训教育、公开与监督、运用其他法律途径的权利，以及政策模板十二项内容。这些规定比较详细地界定了霸凌及网络霸凌的含义，列举了各种可能被认定为霸凌的行为，并且规定了相应的惩罚措施，以及落实法律和政策的途径，包括教育培训有关人员，等等。

网络霸凌在中国似乎还没有引起足够的重视，还没有立法保护被霸凌的青少年。可能在一些学校的纪律里有类似的规定，但总的政策倾向对网络霸凌所持的态度并不是很严厉。在互联网日益发达、上网的学生空前众多的形势下，国家对于互联网的监管不应该忽略网络霸凌这一现象。

5 疫情迫使英美法院采用法律科技

普通法法院对采用法律科技（LegalTech）的反应比较迟缓。尽管法律科技的存在已经有相当长的历史，但普通法法院通常采取保守的态度，一般不轻易使用法律科技。这既是尊重传统、遵循先例的需要，也是对法律科技不信任的表现。美国的法院很早就进行过各种利用法律科技的实验，比如采纳量刑系统、专家证明系统，甚至在保释预测中使用算法，等等，但这些都仅限于个别法院的尝试，范围很小。只是在过去十多年间，法律科技才慢慢为普通法法院所重视，但仍然没有被广泛采用。

然而，新冠病毒大流行迫使世界各地的普通法法院不得不采用法律科技，远程审理案件。美国最高法院在不久前首次通过电话听审了案件。美国一些上诉法院也采取了相应的措施，将原计划开庭审理的案件改为远程审理。在大多数州，法院已推迟或取消陪审团审判。澳大利亚联邦法院也宣布，在新冠病毒爆发期间联邦法院可尽量使用替代解决方案，包括通过电话或其他远程访问系统进行审理。加拿大法院为应对新冠病毒流行制定的应急计划指示将通过电话会议处理争议，并以电子方式（视频会议或电话）审理所有的上诉请求。英国最高法院修改了规则，要求所有证据必须以数字方式提交。印度最高法院近年来开始通过特定应用程序审理所有案件。

在世界各地的法庭和司法系统中，远程审理可以简化烦琐的程序和内容，提高司法效率，正在成为一种加快程序的变革措施。司法制度在任何国家都是政府或社会最重要的组成部分，是解决纠纷的权威机制。无论是处理犯罪活动还是化解民事纠纷，司法制度都力求一视同仁，做到在法律面前人人平等。遗憾的是，法院审理案件的程序通常进行得非常缓慢，这是全世界司法制度都面临的主要挑战之一。而其后果也很严重，可能引发各种各样的问题，比如公共安全、监狱人满为患，等等。而在有些情况下，嫌疑人必须等待数月甚至数年才有机会进入审判程序。远程审理案件很可能会改变这种状况。经验证明，数字通信技术可以提高法院审理的速度和效率，极大地增强法院的审理能力，从而加快审理程序。法庭因此会从中受益。远程听审的好处是参与者能够在更加自然的氛围中表达自己的想法，节省交通和旅行的费用。远程审判还可以起到保护的作用。如果某一犯罪嫌疑人具有暴力倾向或患有精神病，在其被羁押的监狱中通过视频会议将其连接到法庭进行远程审理可能是最佳方法，既省事又安全。

当然，对于司法制度改革来说，需要考虑的问题还是很多。首先，是如何满足公开审判的司法义务。爱尔兰首席大法官向全体法官发出指令，要求法院将业务转移到网上时，必须符合爱尔兰宪法的规定。在英国尽管没有任何类似的宪法要求，但也普遍需要公开司法。因此，英国 2020 年《冠状病毒法案》要求必须将诉讼事项知会当事方和相关人士，同时提供审理记录的文字版，以符合英国法院和互联网公众对审判公开的要求。也有人建议，在必要的情况下，可允许新闻从业人员旁听网上开庭，以确保履行公开审判的宪法义务。其次，是进入远程审判网络的问题。当事人可能由于并不具有数字技能、获取技术支持的机会有限、文化水平不高等原因，而无法顺利地进入远程审理程序。如何增加当事人获取数字服务的机会和可能性是法院、律师及当事人面临的一个难题。再次，是技术的安全性。目前能提供在线审理案件的平台为数不少。比较常用的有 Microsoft Teams、Skype for Business、Zoom 等。使用哪个在线平台需要作出合适的判断。鉴于某些案子的高度敏感性，保密至关重要。尽管 Zoom 已经被认为足够安全，但最近仍有新闻报道对 Zoom 的安全性提出了质疑。当然，平台的选择也存在利益冲突的问题。法院要保障审判公正，必须避免使用可能有利益冲突的平台。英国法院通常使用 Skype for Business，正在推出名为 Cloud Video Platform（CVP）的视频听审新平台。苏格兰法院通常使用 WebEx。此外，远程审理可能会有损于法庭的严肃性。在一般的审理过程中，法庭总是给人一种肃穆的印象，法官身着法袍，律师西服革履或者身着律师服，当事人也着正装。但在远程审理时，有人可能着装随便，或者身后采用比较活泼的背景。另外，牵涉国际当事人和证人的案件的远程审理，在后勤安排上也不是一件容易的事。

显而易见，当前的新冠病毒大流行为法院创造了一个在线上提供司法服务的机会，从而使司法服务更加便利和高效。使用技术进行远程听审也适用于日益全球化、移动化和互联的社会。远程听审不必要求当事人跑来跑去，从而减轻了对环境的影响。视频会议是一种可用来减轻某些干扰，同时对各方造成最小损害的工具。它通常是根据法律规定而提供的，技术使之成为可能。然而，虚拟法庭不太可能是处理复杂争议的理想场所，尤其是对于那些文档密集或可能涉及大量交叉询问的争议而言。与常规听审相比，虚拟听审审理相同案子要花更长的时间，因为参与者处于不同的位置，并且必须处理技术问题，例如延迟、互联网连接不良或证人可能没有足够的计算机硬件。

远程听审的实践可能为未来法院审理案件开辟了一个新的窗口。即使在疫情过后，也可能促使法院采用法律技术并减少对现场听审和纸质文件的依赖，特别是出于案件管理的目的。从全球角度来看，英国计算机与法律学会主席、在线法院专家 Richard Susskind 教授希望，现在应该在全球范围内凝聚力量，加快法官采用远程听审的进程。他呼吁人们必须抓住时机，齐心协力，加快开发服务于法院公正审理案件的新方法。

然而，网络法庭在未来是法院改革的常态化目标，还是仅仅作为危机时期的临时性替代措施？这个问题与大学所面临的情况非常相似。随着科技发展，大学在教学和研究中已经大量采用了教育科技手段，如以电子文档取代纸质文档、数据库、视频会议、网络社交等提高管理和学习效率的做法。疫情促使大学采取在线远程授课的模式。然而，引发我们思考的问题在于：在线远程授课是否会成为未来大学教育的基本模式？回答似乎是否定的，网络授课无法取代教授亲自面授，大学还意味着有大学文化、集体生活、大学校园等。法院也是如此，它代表了司法制度和司法权威。远程审理案件，能提高法院的工作效率，但它是否能保证公正，尤其是程序公正？远程正义是一种什么样的正义？目前，人们尚没有足够的实践据以作出令人信服的判断。

6 算法社会利弊论

今天，我们从事的所有事情几乎都由算法决定。谷歌决定我们每天首先读什么，亚马逊决定我们买什么书。找房子、找工作或者找朋友，都离不开各种各样的网络服务商提供的平台，有意无意地遵从别人为你安排好的选择，尽管你可能不愿意让一台机器为你作决定。我们在网上的行为和交易都会留下足迹，无论买书、搜餐馆，还是在网上跟银行打交道都会成为“大数据”的一部分，算法将会根据你的喜好和购物习惯给你推荐物品。

算法本来只是由程序员编写的一些电脑程序，但今天的算法已经能够自学，自我完善。它们接受的数据越多，读懂人的行为的概率就越大，在人工智能的路上就更进一步，尽管我们无法判断在这条路上走下去是好是坏。故此，霍金说：“成功创造人工智能是人类有史以来最重大的事情；然而，不幸的是，这也可能是最后一次，除非我们学会如何避免危险。”（“Success in creating AI would be the biggest event in human history.” “Unfortunately，it might also be the last，unless we learn how to avoid the risks.”）

如上所述，在算法社会，大数据、算法以及人工智能的运用与人的命运息息相关。人们的生活、就业及各种机会都受制于这些因素。而受惠于这些因素的主要是政府和企业。算法社会为政府和企业提供了大量的个人信息，并且监视、控制个人的机会。政府通过各种渠道不仅可以有效地控制个人的网上信息和行为，也可以迫使企业就范，利用企业的基础设施和技术，帮助并参与对个人信息和网络的控制。因此，在数字时代，个人的言论自由面临的不仅仅是政府的监控，同时也受到企业的监控，而且企业的监控无远弗届。当今的主要网络提供商都是大型的跨国公司，它们的手臂可以伸到世界的每个角落。换句话说，在监控资本主义的视野内，作为个人的算法与网络消费者是无处逃遁的。政府的手脚力所不能及的地方，企业却更为有效。当然，政府和企业的合作是建立在利益基础上的，而政府和企业之间的利益也并不一致。政府需要借助企业的基础设施和技术力量达到社会治理的目的，而企业则为了免于干扰或获得更多资源的目的与政府合作。在政府、企业和个人这个三角关系中，对个人权利（尤其是隐私权和言论自由）的威胁来自多方面的渠道。因此，在算法社会，消费者的权益变得尤其重要。

智能机器系统正在改变我们的生活。它们可以帮助人们安排日常事务、操持家务、从事研究、提供翻译、判断真假、协助断案，甚至进行艺术创作。随着人工智能在生活中的普及和智能程度的不断提高，人类的生活会变得越来越有效率，越来越丰富。

当然，目前人们最担心的还是自己会不会丢掉工作。这种担心不光是体力劳动者有，脑力劳动者也有。人工智能的发展会不会带来大量的失业？货运卡车行业很明显已经受到了冲击。当人们热议埃隆·马斯克的自动驾驶汽车如何了得之时，可以预见的问题是卡车司机、出租车司机该怎么办？自动化将会使更多的人失去工作机会，包括办公室工作人员。有多种研究已经表明，未来20年间，大量的流水线工作人员、人文含量不高的工作岗位都会面临被机器人代替的危险。理想地说，自动化在某种意义上是一种解放生产力或者还人以自由的动力。被解放出来的人也许可以从事更有意义的工作或者研究。一种乐观的态度认为，新技术革命初期会带来失业潮，但最后都会创造更多的机会。但没有人可以非常肯定地说这次也会如此。

另一个令人担心的问题是不平等。大数据、人工智能、算法、数据解析、机器学习、区块链，这些概念每天都在轰炸着我们。可是，真正理解它们却需要很好的教育背景。算法社会对人的科技素质要求非常高，没有相当的教育水准是难以适应的。这就注定了算法社会一定是科技精英社会，少数人会成为主宰，而大多数人只能顺从。我们可能正在期望一个比现有社会更“不平等”的社会。这种不平等是从起点到结果的全方位的不平等，这是罗尔斯、桑德尔加起来也无法对付的。

这种不平等首先是对资源占有的不平等。在数字时代，数据是最重要的资源。对数据的占有是成功与否的基础所在。目前的状况是，只有为数不多的几家公司具有能力占有大量的数据，竞争也只能在很小的圈子里进行。脸书、谷歌、亚马逊、苹果及微软这五家互联网与人工智能开发的巨头在业界早已形成垄断之势。其次是对机器创造的财富的分配。由于机器的广泛应用，大量的人工被代替。资本家利用机器创造的财富分配给被取代了的人员的可能性并不大。财富最终自然而然地掌握在少数拥有人工智能的大公司的所有者和支持他们的当权者手中。贫富差距正在而且将会被进一步拉大。所谓“后劳工”社会，就是数字技术上有优势的寡头及其技术精英团队和当权者同谋共赢的社会。思之，令人悲伤不已！

机器对人的行为的影响也是值得担忧的问题。智能手机的发明给人们的生活带来了无与伦比的方便，但也几乎把人变成了瘾君子。很多抵抗力较弱的人已经沦为手机的奴隶，每天机不离手，几乎分分秒秒都在看手机，或收发短信，或玩游戏，或看节目。美国佛罗里达州的一位母亲沉迷于手机游戏，不顾孩子。孩子一哭，便对他施加暴力，致使孩子死亡，做母亲的追悔莫及，还要面对法律的制裁。这样的悲剧在美国不止一次地发生过。今天人们对机器的沉溺比当年人们吸食鸦片可能还有过之而无不及，所不同的是，今天人们对迷恋机器的危害还没有充分认识。

任何先进技术都是一把“双刃剑”。可以被用来造福人类，也可能被用来毁灭人类。人工智能研究的最新最尖端的成果恐怕都是首先用于军事方面，各国出于保护自己利益的需要，争先恐后地发展人工智能武器装备。无人驾驶飞机成为新一轮军备竞赛的主要装备。现在，拥有杀人机器人的国家已经不少，而且还在不断增加。人工智能武器已经成为军火商贩卖的新式武器。主权国家一面指责别的国家恶意攻击他们，一面以防御的借口大肆发展人工智能武器。人工智能武器不光指杀人的机器人，或者用机器人代替人去当兵，而且更重要的是人工智能对网络系统和其他智能系统的瘫痪性的攻击。网络安全因之是非常重要的安全问题。

然而，更为吊诡且无法预料的是，人工智能自身的发展有可能超出人类的掌握。也许在某一个环节上，人创造的人工智能走上了独立自主的道路，完全脱离了人的掌控而自行其是，成为人类的敌人或者从事不利于人类的活动。就像传说中的只喜欢制造曲别针的机器人，一切在它的眼中都是制造曲别针的原料，连人也不能幸免。更不用说，如果库兹韦尔等人翘首以待的“奇点”成为现实，人与机器的关系将会发生何种翻天覆地的变化。

7 今天我们还能奢望社会公正吗?

2007年11月26日，联合国第62届大会把每年2月20日确定为“世界社会公正日”，旨在本着正义、公平、民主、参与、透明、问责和包容的原则，促进各国和全球经济的发展和社会公正。

社会不公正乃是所有社会的梦魇。无论专制社会还是民主社会，都必须面对不同程度的社会不公问题。资产拥有的不平等、收入的不平等、就业机会的不平等、性别上的不平等以及获得信息资源机会的不平等，这些都是现代社会难以解决的问题。而今天，在本来就不公正的基础上又增添了算法社会中的不公正。

在算法社会、大数据、人工智能和互联网的背景下，对资源的占有和对科技知识的掌握导致了财富、身份、机会和使用权的极不平等，从而加剧了社会不公，使得社会正义的前景越来越渺茫。在这样的背景下，“社会公正日”到底还有什么意义？我们还能实现社会公正吗？

对于可能到来的危机，并非没有应对之策。

通过公共机构促进社会正义是一个由来已久的传统。纵观历史，人类所取得的进步既来自伟大的思想，也依靠及时的制度保障。在数据时代和算法社会，为了保障社会正义，必须有针对性地建设系统而专业的公共机构，全面监管人工智能、大数据算法等新科技的开发和使用，制定合理的分配和再分配政策。这些专门机构应该拥有相应的权力，诸如质量认证的权力、制定政策和计划的权力、起诉违法的权力以及行政处罚的权力。此外，还须针对这些权力大致规定实施的程序和大体要求。这个机构一定要吸收有关专家作为成员，专门监督自动决策算法的公平和透明。没有公共机构制定和实施的强有力和连贯的再分配政策，社会公正就不可能实现。

法律规制显然也是必不可少的措施。通过政策和法律明确规定鼓励或限制的范围和内容，体现人类对自己的创造物的掌握能力和对科学技术规律的充分尊重。既要保证新兴科技的开发和利用，也要保障消费者权益。目前，世界上已经有不少国家制定了规制大数据、人工智能、区块链等研发的法律。一个新的法律领域正在逐渐形成。

还有一个重要的措施是算法问责。公共机构也许不应该要求人工智能或网络公司披露他们的源代码，或者对他们可以使用的算法类型予以限制，但应该坚持算法问责制，即要求算法系统采用各种防范措施，以确保运营商可以验证其是否按预期运行，并确定和纠正有害后果。这样做的好处是，它会使运营商对其算法可能造成的危害负责，而运营商在算法如何影响社会方面拥有最大的影响力。以招聘为例，雇主必须遵守招聘中的反歧视法律，无论他们是不是使用算法来作出这些决定。

然而，如果公共机构、企业、运营商在维护社会正义方面尽不到责任，个人应该怎么办？在算法社会，权利虽然是渺小的，但仍是个人面对强大的企业、社团及政府机构的最有效的保护装置。比较有意义的应该是认识并掌握个人的数据权。个人的数据权首先是一种财产权。这就是说，数据资本家在收集和使用个人数据时，必须考虑个人的利益。个人数据被人使用时，应该得到个人的同意，并给予合理的补偿。当个人数据权受到侵犯时，个人应该享有通过法律保护自己权利的便利。

当然，一种权利的兴起、发展和被接纳，并不是一蹴而就的事。很多时候，这是需要争取的，也离不开舆论的支持。知识分子、学者和科学家有义务帮助公众认识自己的数据权，培养在算法社会中生存的技能和意识，提高整个社会的算法水平，发展并普及数据文化。

8　算法权力

今天，我们从事的所有事情几乎都与算法有关。每个人都与算法有着不解之缘，有些人在使用算法，有些人被算法所使用。每个人都是算法的受益者，但同时也有可能是受害者。毫无疑问，我们已经生活在算法社会。就日常生活而言，算法可以帮助我们节省时间和精力，比如网上搜索工具、网上银行以及智能手机的程序等等。而期待中的数字个人助手可以整合各种适合我们的信息，并且预料我们会有什么样的需要。从经济的角度来看，机器学习算法可以刺激创新和生产增长。有研究表明，用于机器学习算法的大数据能够为很多行业带来增长点，诸如广告业、医疗卫生、基础设施、物流、交通运输，等等。

算法权力已成为社会、媒体和社会科学中一个熟悉的话题。越来越多的人认为，算法使不平等现象自动化，算法是复制种族主义的有偏见的黑盒子，或者算法控制了我们的金钱和信息。在这些讨论中，一个不言而喻的共识是，算法中渗透着规范性，而这些规范性塑造了社会。因此，许多评论家、学者和政策制定者都呼吁确保管理我们生活的算法是透明、公平和负责任的。如果要让算法造福于人类而不受其害，就必须对算法进行规制。

在这个意义上，张凌寒教授的《权力之治：人工智能时代的算法规制》一书的问世恰逢其时。该书对算法的规制问题做了系统而深刻的研究，是她多年来在智能科技与法研究领域辛勤耕耘得来的成果。该书可以粗略地分为三个部分。第一部分为基本概念和背景，内容涵盖算法的概念与应用现状、算法规制的溯源与演进、算法权力的兴起与异化，以及算法权力治理的制度框架。第二部分分别探讨了算法在一些重要部门的应用及其规制，包括搜索引擎的算法责任、社交媒体内容的算法治理、算法嵌入行政活动的正当程序控制、司法活动中的算法应用规制、平台监管的算法问责制，以及《电子商务法》中的算法责任及其完善。第三部分分析了与算法规制相关的几个问题，诸如算法解释权制度、算法决策与人的主体性，以及域外算法规制的制度与实践。纵览全书，这是一本内容翔实，文风简洁，适合知识大众阅读的专著。

正如张凌寒教授在书中写到的，算法这个古老的数学程式，在电脑时代本来只是由程序员编写的一些电脑程序，但人工智能时代的算法已经能够通过自学改进和完善自己。它们接受的数据越多，读懂人的行为的概率就越大，在人工智能的路上就更进一步，尽管我们目前还无法判断在这条路上走下去是好还是坏。算法嵌入了社会运行的诸多层次，在新闻媒介、数据保护、司法审判、行政部门等领域发挥广泛作用。算法变得重要的根本原因是数据成了社会生产要素，而算法决定了数据的价值。无论是算法设计——设计者编写算法决策代码，并输入数据使算法自主学习，优化决策流程的行为，还是算法部署应用——网络平台等企业在其平台之上部署应用算法的行为，算法都在不同层面影响着个人与社会生活的各个环节。

为了更好地理解算法权力，有必要分析算法工具如何重塑国家、私营公司和公民之间的权力关系。在过去十多年中，社会生活的许多领域都感受到了算法的力量。不管是用“信息权力”“阐释权力”“数据权力”，还是“心理权力”来定义，很明显，算法的嵌入性及其在社会过程中的潜在作用需要得到充分认识和认真对待。这意味着，需要把算法看作是权力在社会中行使的一种形式。而且，还必须认识到，算法并不是简单地拥有古典意义上的权力，比如以主权的方式施展权力。相反，算法构成了政府和企业的控制技术。它们为那些试图在集体和个人层面上推敲、操纵或管理行为的技术提供了“可操作的见解”。

故此，我们应该超越算法解释的技术品质。这意味着，我们不应该仅仅专注于技术问题：“什么是算法？”相反，必须关注涉及算法社会功能的问题。它们是如何工作的？在哪些领域？它们对我们的行为有什么影响？政府如何利用它们来治理社会？平台如何通过算法引导用户行为、侵害消费者隐私，从而影响市场秩序与社会公平？通过提出这些问题，我们可以更深入地了解算法在社会中的具体部署方式。张凌寒教授的这本书对这些问题都作了详细的探讨。

事实上，人们已经在规制算法方面做了不少有益的尝试。比如，建立严格的监督机制；达成更严格的访问协议；签署数字管理的道德规范和指定信息管家；在线跟踪个人对信息的再利用；选择退出功能；设定访问时限；未经同意不得向第三方出售数据等。同时，寄希望于算法问责的努力。比如，2019 年美国国会议员提出《算法问责法案》，拟对用户在 100 万人以上的平台公司进行算法审查；《减少用户虚假经历法案》和华盛顿州《算法透明度法案》也先后颁布。对于平台进行“算法问责”的立法努力、行政和司法实践在不断推进。算法问责是一个庞大的工程，是一项全球性的事业，需要理论家和实践者、律师、社会科学家、记者等多方面的共同努力。也有人认为提高消费者的认识能力才是最关键的规制要素，因而寄希望于对消费者的教育，即提倡提高公民的信息素养、数字素养和数据素养，并且发展出让消费者拥有更大控制权的机制。

当然，这里的核心问题仍然是技术。如果能设计出一种元算法，用以对抗算法的负面作用；找到一个允许透明和评估结果的框架，并对算法“价值链”有一个广泛的理解；建立起一种算法社会契约，或者能解决设计上的困难，一开始就将伦理规则写入具体算法，这些美好的愿望无疑都是算法规制的理想图景。它们会鼓励人们努力寻找算法规制的最佳途径。然而，不可忽视的是技术的局限、人性的微妙、社会关系的复杂和利益的强大力量。最终，我们能在何种程度上规制算法，仍然需要拭目以待。《权力之治：人工智能时代的算法规制》是一个理解算法规制复杂性的非常重要的开端。

第五编

后人类时代、科技伦理与知识人

1　智能科技与人文社科学者

对于同一件事情，不同的人有不同的看法。在科学家、平台企业、政府以及人文社科学者眼里，智能科技的发展是不一样的事情。科学家所追求的是研究成果，对于一些科技难题的解释，他们会本着追求科学真理的态度，孜孜不倦地开展自己的研究。他们也可能会关注智能科技的社会用途及其后果，但是那并不是他们关注的主要对象。而商家关注的主要是盈利，即某一项智能科技的产业性应用，以及它能带来什么样的利益。至于政府所关注的，主要是管理社会秩序、促进经济发展，并在一定的意义上保护公民的权益。

表面上看来，人文社会科学研究与智能科技的发展并无直接关系，实则人文社科学者肩上担负的责任十分重大。智能科技应该朝什么方向发展？如何发展？这些问题除了关乎科技本身的规律，还牵涉智能科技会带来的社会影响。

即便是科技的能力达到了某一个层次，能够制造出某一种“神器”，但是否应该制造这种东西却是智能科技本身决定不了的。因为这牵涉很多外在的因素，取决于社会的需要和人的需要。

举例而言，设计并生产自动驾驶汽车的能力已经非常成熟，但在什么样的情况下、什么样的地方，以及什么样的人群中可以使用无人驾驶汽车，则是比较复杂的问题，需要进行评估。不是说有能力制造，就必须要制造出来。这不是科技能解决的问题。

再如，关于人工生命的建构，即便是智能科技达到了能够制造出人的水平，应该不应该制造人，制造出来的人工生命应该享有什么样的权利？会起什么作用？这牵扯到几千年历史形成的道德传统，是科技研究者不能回答的问题。而人文社科学者则对这些难题有更多的发言权。

人文社科学者必须尊重专业，尊重科技研究的专业性、专业人才的权威性和专业技术的不可替代性。但这并不意味着人文社科人才在智能科技研究领域就毫无用处。因为，有时候智能科技的研究也需要人文社科的支持。一个显著的例子是人工智能与法律推理的研究。这是人工智能与法律的研究中最早开始的领域，包括案例推理、规则推理以及可辩驳推理。有研究智能科技的学者指出，我们今天的人工智能和法律推理研究之所以停滞不前，并不是因为智能科技技术上的问题，而是因为法学家没有提供足够好的关于推理的理论。在新的环境下，需要新的思想和理论作为指导。假设法学家们在法律推理方面有新的理论可用，也许人工智能和法律推理的研究还会再往前走一步。

再如人工智能价值匹配。这项工作是确保人工智能系统可靠地执行符合人类价值观的任务。具体而言，即收集大量关于“系统应该做什么”的数据，并使用学习算法，从这些数据中推断出可推广到其他情境的模式。

由于人工智能被要求做出符合人们价值观的行为，因而最重要的数据将是来自人类的价值观数据。这可以分几步实现。首先，要对人类的价值观有一个明确的定义。其次，要以符合定义的方式，收集关于人类价值观的数据。最后，找到可靠的机器学习算法，使人工智能得以从这些数据中学习和泛化。

上述几步都存在很大的不确定性。第一步，即对人类价值观的定义，显然不是智能科技所能确定的。所谓科技向善，首先要确定什么是善。这乃是宗教、哲学、伦理学、政治学和法学的领地。更何况，人类的价值观太复杂，无法用简单的规则来描述。像“公正”“平等”这样的价值本身意义不大，只有把它们用在具体场合时，其重要性才能彰显。加之，在现实生活中价值观与大量关于世界的事实纠缠在一起，在构建机器学习模型时，无法将事实和价值观明晰地分开。

因此，就科技领域的发展而言，人文社科领域的贡献不仅是可欲的，而且是必须的。现在，谷歌、微软等科技巨头公司都会聘用社会科学或人文科学背景的人才，希望他们与工程团队一起工作，帮助开发符合伦理的人工智能。

同时，人文社会科学可以助力普及智能科技文化，提高全民的信息素养、数字素养和数据素养。这是一个非常重要、具有相当紧迫性的问题。

在智能科技时代，争取让所有人能够使用智能科技，消除所谓的“数字鸿沟”，避免大多数人成为被算法社会边缘化的“闲人”，是任何文明的国家和政府亟须面对的问题。人文社科学者至少可以助力普及智能科技，包括编撰普及读物，和科学家联合或者独自做些简易的节目，尽可能努力建设智能科技文化，并提升全民的智能技术素养。

科学家们本身有自己研究的课题，要花很多精力从事研究。人文社科学者从观察者的角度，可以看到一些问题，并用比较妥当的文字表达出来。

当然，助力提升全民科技素养需要人文社科学者自身对智能科技有相应的了解。这一点似乎还没有成为人文社科学者普遍关注的目标。从人文社会科学到艺术和设计，这一切都在人工智能中占有一席之地。

引入人类学、社会学、政治学、心理学、经济学、历史学等人文社会科学学科的相关信息，可以使人工智能对数据的理解更加丰富。而人文社科领域对智能科技的运用也遍布各个领域，非常广泛。

尽管如此，在很多情况下，人文社科学者仍然存在知识老化、信息不足的困境。一个比较难以解决的困境是：人文社科领域存在比较严重的知识不对称现象。一方面，熟悉智能科技而又具有创新能力的人并不占有资源；另一方面，占有资源、有决定权的人往往知识老化，并不了解智能科技。这种现象自然不利于人文社会科学知识和方法在人工智能中的应用。

2　我们所处的“后”时代

首先，我们处在所谓后现代，这基本上已经是常识，尽管没有人会认为现代已经完全让位于后现代。如果把文艺复兴以前以神为依归、以宗教为主要社会控制手段的西方社会视为传统社会，那么文艺复兴以后兴起的以人的理性为基础、以法律为主要社会控制手段的欧美社会就可以用现代社会来形容。而由于20世纪各国间利益的冲突引起的连绵不断的战争给人类带来的灾难，资本主义社会造成的种种不平等，以及民主社会理想与现实的巨大差别，使人们在20世纪中后期对真理的普遍性、理性的力量、法律的权威、平等、自由、公正等现代社会赖以建立的主要价值采取了普遍怀疑的态度，从而酝酿和催生了一种有别于现代的生活态度、方式、情绪和价值观，被一些学者称为后现代社会状况。这种状况虽然始于西方社会，尤其是发达的欧美社会，但由于全世界都在模仿西方走上现代化的道路，后现代也必然是伴随着对现代的追求而产生的无法避免的副产品。

我们所处的时代是一个后全球化的时代。全球化的浪潮在20世纪90年代席卷全球，但是10多年后它就成为过去式，至少在2005年的时候就已经有人开始谈论所谓“后全球化”时代。查士丁·罗森博格（Justin Rosenberg）在他的《全球化理论：事后剖析》(*Globalization Theory*：*A Post Mortem*）一文中写道：

> “全球化”是20世纪90年代的时代精神（Zeitgeist）。在社会科学中，全球化产生了这样的期待：日益加深的相互关联性导致了人类社会性质的根本转变，并以一种多层次、多方面的“全球治理”的体系取代主权国家的体系。然而，十几年以后，这些期待似乎已经被世界事务发展的轨迹所证伪。“全球化”的概念已不再能够表达“时代精神”：“全球化时代”已经出人意料地终结。

而2008—2009年的金融海啸则如釜底抽薪一般，使全球化的研究顿时冷落下来。

《新视角季刊》（*New Perspective Quarterly*）在2008年4月出专号讨论“后全球化”问题，明确指出世界已经进入一个由全球化带来的“后全球化”时代。这个时代的特点之一就是世界金融体制发生的重大变化和多极经济秩序的形成。

我们的时代也是一个后哲学时代。哲学曾经是统御一切知识的学问，但是从20世纪五六十年代开始，有一部分人觉得哲学的时代已经过去。理查德·罗蒂（Richard Rorty），作为新实用主义的代表人物，曾经断言哲学已经失去了用武之地。在后哲学文化中应该采取一种实用的态度，而无须建立宏大的哲学体系。换言之，形而上学、思辨、价值追求等已经退出了历史舞台，随之而来的是经验主义和功利主义指导下的现实追求。

我们的时代更是一个后大师时代。今天的世界思想界已经落入了可堪悲叹的后大师时代。在思想、学术、知识、意见和牢骚的取舍上，知识工作者们明显地冷落思想。知识的皮毛化、学问的商业化、出版物的图片化、文化内涵的青少年化以前所未有的势头占领了文化市场，在表面繁荣的商品化浪潮中，思想的危机不断地加深并扩散。

这种后大师时代的明显后果是：思想贫乏、知识支离破碎，以及研究领域的画地为牢。仅就研究成果而论，今天的知识界，具有百科全书式的原创性思想的作品是凤毛麟角，充斥市场的如果不是某一类思想、某一学派的观点或某一类问题的重述或综述之类的作品，便是研究报告、形势分析、个案研究之类的文字。这种局面对于发展具有时代特征的法理学而言，是一种非常不利的因素。

我们所处的时代也是后人类中心主义（Post Anthropocentrism）的时代。迄今为止，我们的历史一直是以人类为中心的。人们相信靠着人的理性去发展科技，人就可以征服自然，支配其他物种。在很残忍地屠杀各种各样的动物的背后是人类中心主义的意识形态。只有人才是地球的主人，所有的物种或者自然资源都要为人类所用。到现在为止，我们的文化，包括中国的文化和西方的文化，都是以人类为中心的。20世纪中后期，人们慢慢地开始意识到，人类的狂妄自人及对自然的不敬最终导致了各种各样的灾难，使人类的生存环境不断恶化。这种状况迫使人类重新思考人生的本质、在世界上的地位，以及和自然环境的关系。善待其他物种，善待自然因之成为一种新的文化自觉。人类学和生态学近年来的研究有相当一部分是关注后人类中心主义的内容和发展趋势的。

除此之外，还有后殖民时代、后发达时代、后工业化时代，乃至后资本主义时代等状态，在此不一一讨论。总的来说，后现代、后全球化，以及后人类中心时代正在或者已经局部地改变了人对自身、社会、文化及生活环境的认识。在认识论和方法论的层面，反阿基米德、笛卡尔的“点—线”思维的观点已经为更多的人所接受。在“点—线”思维的视野中，历史顺着一条直线往下走。比如在社会达尔文主义的视野中，一切历史都是必然的、一步步进步的。这种思维极易导致专制主义和教条主义，显然已经不为时代所称道，取而代之的是一种多元的、多维的、多中心的思维。在某种意义上说，后现代或者后全球化等，都是一种思想解放运动，是人逐渐地不断地认识自己、解放自己、改变自己的努力。

3 后人类时代真的来临了吗?

听起来有点玄乎，但确确实实，人类从来都没有像现在这样惶惶不安。用“人类”这个词是大了些，不过，这和我要说的内容是相称的。这不仅仅因为人工智能、网络空间、生物技术等科技方面惊人的发展，而且因为“人”的概念本身发生了深刻变化。今天的“人”这个概念已经不再仅仅指男女老少，而是包括了法人、机器人、半机半人，乃至享有和人相当权利的非人（*其他动物和有智识的物体*）。世界正在真正地发生翻天覆地的变化，而今天的人类正处在大变化的风口浪尖。这次变化在人类历史上从未有过相似的先例。变化的后果现在尚难以预料，但很多科学家、学者和商业人士都纷纷表示为人类的未来担忧。而未来学家、技术乌托邦主义者则非常向往这一时代——后人类时代——的降临。

“后人类时代”这个词有不同的含义。它有可能指对西方人文主义传统的否定性的延续，也有可能指世界末日来临而人类毁灭后的生态环境，抑或是指人类生活即将迎来的新时代。不管你承认不承认，不管你意识到还是没有意识到，我们今天已经进入了第三种意义上的后人类时代。一种新的意识、新的心智特征、新的生活形态的到来，一开始都是以一种不可辨认的方式萌生，渐渐地显露出来，越来越清楚，直到它成为我们存在的一部分，从而影响甚至支配我们的生活。今天，离开手机和电脑的生活已经变得非常艰难。我们已经不知不觉地过着一种现实世界与网络世界交织在一起的生活。尽管如此，后人类时代的萌芽、发展和趋于明显，还是有迹可循的。这大概最早可以上溯到几个世纪前人的解放的开始、现代人的主体性的确立，到人的主体性受到挑战，从而产生了所谓后人类中心主义（post-anthropocentrism），即天地万物皆平等而人并不是地球的主人的思想。同时又产生了追求出众的超人主义（transhumanism），进而形成了后人类主义（posthumanism）。

作为人类历史新时期的后人类时代至少具有以下几个特征。这些特征单独存在可能并不足惧，但当它们结合在一起时，就会形成一种足以改变历史的力量。这一时代的特征，首先表现在社会、政治、经济生活方面的重大变化，包括绝对真理观的破产、“点—线”思维背景下进步史观的式微、人的个性的进一步解放、多元文化和价值的融合、人类生活向自然的回归，以及金融财经制度的民主化和多元化。其次，是人类独霸主体性的时代的终结。环境生态伦理学的新道德主张把人和其他动物相提并论，权利主体由人扩展到动物、山川草木，乃至机器人。再次，科学技术研究方面的重大发展彻底改变了人的生活方式。其中最重要的是互联网和物联网的发展，拟真存在的普及，与之相关的前所未闻的虚实体（拟真财产）和神秘的区块链与拟真货币的出现。互联网的存在使人的生存分成两种：一种是现实的、真实的生存；一种是网络的、拟真的存在。每个人现在都生活在真实世界和拟真世界中。换句话说，现在，世界是半实半虚，人生是半虚半真，而人则是半机半人。具有明显“异化”倾向的人工智能研究在过去几十年中突飞猛进，大有取代人类之势。最后，个人对自己的相貌和身体的不断改进及性别的进一步模糊（LGBTQQIA），生物技术和脑神经科学以及认知科学研究的新成果等，这一切都给人类生存提出了新的课题和难题。在这个过程中，人其实处于无可奈何的境地。自然人将成为弱者生活在由自然人、法人、人机合体的半人，以及非人组成的共同体中。思之，令人不免唏嘘！

那么，在后人类时代原有的法律还有用吗？换句话说，人类的法律应该如何应对后人类时代的法律问题和法律需求？毫无疑问，后人类时代的那些特征本身就构成了对人类法律的挑战。人类法律这个说法似乎有点大而不当，但在这个层面上讨论问题，法律文化以及法系的区别是微不足道的。因为从本质上讲，所有国家的法律的主要内容都是相通的。法律的主要内容是契约、财产和权利义务。就契约而论，在以太坊区块链平台上广泛应用的智慧契约本身就是运算代码的一种反映。传统契约法对它一筹莫展。就财产而论，拟真财产性质的确定是相当困难的事情。到底是拟真资源还是拟真财产尚存在争议。更何况，该用何种法律调整拟真资源或财产也是没有定论的问题。契约法、劳动法、知识产权法，以及物权法都可能适用。就权利的主体而言，后人类时代，动物有权利，山川草木皆有权利，连机器人都可能有权利。这完全颠覆了传统的权利学说，需要一种新的权利学说来解释并证成这些权利的合法性。区块链与拟真货币的运用直接危及中央控制的纵向金融体制。人对自身性倾向的深化认识使传统的婚姻制度濒于崩溃。这些也都是法律难题。更为重要的是，网络技术、人工智能、纳米技术等科学技术本身都具有自己的规律，人为的法律可能鞭长莫及，无法发挥有效的作用。这个领域中有效的调整工具可能更多的是人们所熟悉的代码（Code），而非法律。简而言之，后人类时代给现有的法律及其制度提出了难题，需要人们认真对待。传统的源自 19 世纪的法律思想和法律秩序是无法应对 21 世纪的新型法律关系的。

另外，法律如何反映后人类时代新的道德和伦理则是更大的课题。人的伦理、职业伦理、生物研究的伦理、机器人的伦理、人工智能的伦理等都与法律密切相关。这些都可能是后人类时代立法和司法必须要遵循的指导原则。简言之，今天的法律人所面临的学习任务是非常艰巨的。

4　科技伦理应该如何对待技术的商业炒作？

目前，围绕人工智能、算法、大数据、互联网、物联网、区块链等新科技的炒作大行其道。尤其是人工智能和区块链这两个领域的炒作最为火热。除了说一些诸如“颠覆性的技术”“革命性的产品”之类的话，目前技术炒作的两大手法是排名与预测。当然，这两种手法也广泛用于其他领域。公司排名、产品排名、技术排名、研究人员排名，不一而足，目的就是为了推销炒作。预测则集中体现在对于未来的向往，哪项技术会成为热门，哪个公司会成为龙头老大，等等。麦肯锡全球研究所（McKinsey Global Institute）曾将两家隶属于 Alphabet（谷歌的母公司）的 AI 初创公司 DeepMind 和 Nest Labs 吹得神乎其神，但 Alphabet 报告称 DeepMind 在 2017 年亏损约 5.8 亿美元，Nest Labs 在 2018 年亏损 5.69 亿美元。IEEE Spectrum 于 2019 年 3 月发表的一篇文章认为，IBM 的 AI 部门 Watson 在个性化医疗保健应用程序上“承诺过多但交付不足”，此后不久，IBM 便将 Watson 从药物研发中撤出。

关于人工智能的神话很多。比如说，人工智能可以解决企业的所有问题，但事实上，并没有一个叫“人工智能”的东西。人工智能是技术的集合，可用于应用程序、系统和解决方案中。企业需要业务成果，而人工智能技术可能在其中发挥作用。“AI”已成为通用营销术语，但通常没有实质性或价值。虽然已有非常有用的特定功能（例如语音和图像识别、游戏、欺诈和故障预测），但通用人工智能的理想成真，尚需时日。更有甚者，鼓吹人工智能技术可以定义自己的目标。事实是，人定义目标，而技术执行目标，技术（无论是否为 AI）没有自己的目标。机器执行已输入的程序，无论程序是由代码、数据还是由两者组成。

区块链的神秘设计者声称，当初发明它仅是想要省去交易中的第三方服务费用而已。然而，区块链和比特币自问世以来，就一直是神秘的热捧对象，被看作是去中心化的利器，实现当代民主的潜在力量，甚至肩负着实现经济民主的重大历史使命。但是，通俗直白地说，区块链就是一个加密的公共账本，没有那么大的能耐。

炒作是人类社会中普遍存在的现象。只要有人有事的地方，就有炒作，古今有之，中外有之，无论庙堂江湖，不分阳春白雪、下里巴人，只要有新理念、新工具、新技术、新方法、新秀出现，就会有炒作。

那么，究竟什么是炒作？大概可以说，炒作就是以非常热烈的感情、十分肯定的口吻、高度抽象的语言宣介某一思想或某一产品，借以引起人们的注意，甚至诱惑人们去购买某一种商品，或者接受某一种想法。在某种意义上说，炒作也是一种宣传。但是炒作不同于宣传可能在于，炒作只是在短时期内以极大的力度去捧红一位明星、一件事情或者一种产品。而宣传则是以相对理性、相对平和的口吻，介绍给人们什么是可欲的、什么是可取的？或者说应该做什么事情。

炒作最基本的特点是夸张。夸张是人性，也是一种重要的修辞手段。炒作并不总是一件坏事，在一定范围内，它可以凝聚注意力，推进投资和创新。进行一点宣传就可以激发人们对某种可能性的兴奋，何乐而不为！适度的炒作可能有助于推进某一种思想、推广某一种工具或者某一种技术，为学问、市场等的发展起到一种推波助澜的作用。但是炒作过头了，就变成了说谎，而过多的炒作，则会导致虚幻的希望和错误的计划。

炒作往往通过使用高度夸张的手法，把一件事变成一个故事，把一个故事变成一个传说，把一个传说变成一个神话，使其成为人们津津乐道的话题和追捧的对象。然而，炒作者却永远活在现实里。讲讲神话故事，或者把某一位明星捧红，并不见得有什么问题。但是，当炒作被用于商业的时候，就成了大问题，因为其中牵涉到了个人的利益和权利。以推销产品而言，有可能会引起人们的迷信，盲目追求，有人可能不惜一切代价去购买某种商品，但是得到的回报却微乎其微。商业炒作想要达到的目的，无非是吸引人们去投资或者购买某种产品。

申言之，被炒作的对象一般都会集利诱、可欲、时髦、高大上、神秘于一身。最重要的当然是它会带来好处，而且这种好处的获得乃是轻而易举的事，简直就是唾手可得。其次是可欲性，也就是说，某一种产品，或者某一种投资对一个将要事业有成人的一生来说，是必不可少的。作为一个现代人，应该拥有或者掌握某一种产品，或者是购买某一种设备。更重要的是，这款产品体现了当时的时髦，拥有它就意味着拥有一种高大上的生活方式。当然，话不能说得太白了，不需要清楚明白地介绍某个产品，或者某个投资机会的各个具体的方面。这是因为要使机会和产品具有一定的神秘性，让民众似懂非懂，这样的情况下他们才会去投资。如果完全懂了，也就是等于看穿了，那么他就不可能再去投资了。故此，还必须强调机会的难得，也就是说，某一种产品或者某一个投资机会，非常难得，十分宝贵且稍纵即逝，必须要抓紧。如果错过，那么就会真的错失几个亿。既能轻而易举获得，机会又是如此宝贵，你还不行动!

那么到底谁在炒作呢？炒作及其放大现象来自许多方面：不仅是金融界，而且还有企业家、风险资本家、顾问、科学家、工程师和大学的决策者。风险资本家跟国家和地方政府以及大学的决策者说，风险资本家的资金和初创公司是其成功的新标准。同时，专业顾问和商业服务顾问为初创企业和现有公司大肆宣传技术，以使潜在客户相信新技术会使现有战略、商业模式和工人技能每隔几年就过时。自 1970 年以来，这类顾问的数量增加了好几倍，因此有动机去炒作新技术的人数继续增加。但是，那些埋头苦干、认真研究的学者和专家一般不会炒作。

炒作的例子比比皆是。一种炒作是在语言上做文章，有一本书原名可以直译为《虚拟竞争——算法驱动型经济的福与祸》，不知为什么被翻译成了《算法的陷阱——超级平台、算法垄断与场景欺骗》。另外一种炒作就是前面提到过的排名，诸如某领域多少强、某领域之父、某学科领军人物之类。还有一种炒作就是和名人挂钩。一件事情之所以重要，一个产品之所以好，不是因为其本身的原因或本身的质量，而是因为被诺贝尔奖获得者予以肯定。名人的参与作为一种炒作的手段由来已久。

近两年来，全球发布了数量可观的关于人工智能伦理原则的宣言和倡议。其中，普遍认可的原则包括关于透明度、平等 / 非歧视、责任、安全、隐私等内容。谷歌，微软、IBM、腾讯、百度等科技公司争相提出了自己的 AI 原则，甚至成立 AI 伦理委员会，来舒缓外界对新兴技术的担忧，表明其发展 AI 的立场和态度。

不过，各家发布的现有人工智能原则中并没有关于如何对待炒作的内容。事实上，炒作的后果之严重，并不亚于其他重要价值。炒作既会给普通老百姓带来利益损失，也有可能破坏主管部门决策的基础。因此，是需要认真对待的，这应该是科技伦理的应有之义。

5 奇点更近

大多数人都会知道或者至少听说过雷·库兹韦尔。他是谷歌著名的前工程总监，也是世界顶尖的未来学家之一。他曾在美国得克萨斯州奥斯汀召开的会议上宣布了两件事轰动一时：一是，他认为人工智能将在 2029 年通过图灵测试；二是，他将 2045 年定为最终实现奇点的日子——那时，技术的飞速增长将导致人类文明发生前所未有的巨大变化。

1950 年，图灵在其论文《计算机器与智能》中提出了著名的“图灵测试”：如果一台机器能够与人类正常开展对话而不被识别出来，那么这一台机器就具有智能。图灵测试的操作方法非常简单，由一名测试者向两个无法看见的测试对象提出一系列的问题。测试对象中一个是人（A），而另一个是机器（B）。经过一系列询问和回答之后，如果测试者无法区分 A 与 B 的不同，那么这台机器就通过了图灵测试。也就是说，计算机的智能达到了人的水平。

库兹韦尔在采访中说，到 2029 年，计算机将拥有人类水平的智能。我们把它们接入大脑，连接到云端，从而使我们变得更加强大。他认为，这并非未来的场景，而是现在就已经开始，并且将会加速发展。他说的没错，人类与机器“链接”的过程已经开始了。

如今，人类正在使用脑机接口（BMI）与机器人建立心灵感应及联系，并开发了神经智能等系统，希望这些系统能够实现生物—机器对接，从而达成人机融合的梦想。

库兹韦尔将其观点集中表达在他具有里程碑意义的《奇点临近》(*The Singularity is Near*)一书里。库兹韦尔认为，人机融合的时代将很快来临。他将这一时期称为奇点，届时技术变革的速度之快、影响之深，将使人类的生活发生不可思议的转变。并且，人类社会已经处于这种转变的早期阶段，几十年内，人们的生活将完全不同。

库兹韦尔指出，奇点将是人类的身体、思想与科技的结合。这个世界仍将是人类的，但超越了我们生物学的根基。人类和机器之间、物理和虚拟现实之间将没有区别。

自 2005 年首次出版以来，《奇点临近》对未来的展望已经产生了巨大的影响力，催生了一场世界性的运动，拥有数以百万计的追随者，并衍生出数百本书籍、多部大型电影（《她》《露西》《机械姬》）和数千篇文章。

《机械姬》(*Ex Machina*)讲述了老板邀请员工到别墅对智能机器人进行“图灵测试”的故事。

在随后的十年里，库兹韦尔关于技术进步的许多预测都得到了证实，其可行性也通过人工智能、智能机器和生物工程等现在司空见惯的概念为公众所熟悉。至今，《奇点临近》已经售出了 25.5 万册，并以 17 种语言印刷，极大地激发了国际社会对人类未来日益增长的兴趣。

与此同时，也有人写了一本书叫做《社会奇点》(*The Social Singularity*)。库兹韦尔的奇点（singularity）主要指技术上的积累，技术上的突破带来的其他方面的变化。《社会奇点》这本书关注的则是社会方面会发生的变化。根据作者的观点，社会的奇点到来时，人类现有的社会制度可能得画上休止符，然后会出现截然不同的新制度、新体制。

今年是2022年，距离库兹韦尔关于机器通过图灵测试的日期还有不到10年的时间。现在看来，这个预测实现的可能性是比较小的。虽然人工智能的研究有了飞速的发展和长足的进步，但是人们预测的所谓通用人工智能的出现，还是一个悬而未决的问题。

况且，也有学者质疑人工智能通过机器学习是否能够通过图灵测试。也就是说，许多人可能正在错误的道路上前进。那么到2029年，通过图灵测试很可能只能是一种想象。

尽管库兹韦尔对自己的预测充满了信心，但很多有企业头脑的人并不相信，也并不看好他的预测。

2002年，库兹韦尔和美国著名企业家、火狐（firefox）的创始者喀布尔打赌，一时成为趣事。喀布尔认为，2029年实现图灵测试的可能性不大。而且在他看来，计算机大概是无法超越人类的，或者具有人类的认识水平。

喀布尔认为，我们的形体确定了我们作为人类的存在，而且我们的存在是与环境的感知和互动密切相关的。人类的价值在于人是有情感的动物，情感和认知同样重要，甚至比认知可能更基本。同时，人类是有意识的生物，能够进行反思和自我意识。这种意识包括个人的意识和群体的意识。所以，人工智能达到人的这种水平，是不可想象的事情。

据报道，2014年6月8日，英国雷丁大学宣称，一个特殊的程序“尤金-古斯特曼”已经通过了图灵测试。它在5分钟的对话中成功地欺骗了30位评委中的10位，让测试者相信和他们对话的是一名13岁的男孩。但一些后续评论并没有对此表示乐观。库兹韦尔也在自己的网站上认为，“尤金-古斯特曼”并没有通过图灵测试。

从对话的记录来看，在“尤金-古斯特曼”的回答中，有些是模糊的、不靠谱的，有些虽然不是直接答案，还勉强凑合，但有些就毫不相干。比如下面这两个问题：

测试员：为什么鸟儿会突然出现？

尤金：就是因为2加2等于5！对了，你的职业是什么？我是说——你能告诉我你的工作情况吗？

测试员：你会在周日看足球吗？

尤金：我有时会玩体育，在电脑上。但我更喜欢赛车。

时隔20多年，库兹韦尔又有了新的见解。他即将出版的新著书名为《奇点更近》(*The Singularity is Nearer*)，这本书本来计划在2021年出版，但不知何故，库兹韦尔将出版时间推迟到了2022年。不过，各大书商早就已经开始预售。

在这本新著中，库兹韦尔为奇点的进展带来了全新的视角，评估了许多预测的进展，并研究了在不久的将来，将带来知识革命和人类潜能扩张的新进展。他讨论的话题包括：用纳米机器人重建世界；彻底延长生命，超越目前约120岁的年龄限制；用云端的非生物智能扩大生物能力，重塑智能；随着贫困和暴力的减少，如何改善生活；将可再生能源和3D打印技术应用于衣服、建筑材料、人体器官培养等领域。

此外，库兹韦尔还考虑了生物技术、纳米技术和人工智能的潜在危险，包括人工智能将如何影响失业、自动汽车的安全，以及“来生”技术（通过数据和DNA的结合使已经去世的人重新复活）

等当前富有争议的话题。

可以看出，库兹韦尔对奇点的来临仍然抱有极大的热情，他所勾画的前景代表了许多人类的愿望。届时，人们将会实现新的、非凡的能源形式和星际旅行，但自主机器和武器系统也可能毁灭人类。而人类进化的下一步更多的是机械人而不是生物人。从这个意义上说，奇点既是新时代的来临，也是“末日”的开端。

6　人工智能的伦理和治理

有幸读到郭锐教授的新作《人工智能的伦理和治理》，就像看到了窗外的草木正在染上新绿一样，寒冷之中透出春的希望。

该书作者系哈佛大学法学博士，研习领域侧重经济和社会法，尤以公司法、残疾人法、环境法等领域的研究见长。近年来在人民大学钻研新科技与法律，在理论与实践上均有建树，该书即他在这一领域研究的最新成果。

今天的世界，人类走向异化的趋势日益明显，对于自己的智商的管理越来越无能为力。这固然是人的好奇心使然，但追逐利益的本性也是不可否认的原因。在人类技术发展史上，平衡利益和风险的需要总是反复发生，一再出现。但是人工智能以一种全新的、大规模的形式对人的工作、生活、教育、社会交往等各个方面产生全面影响，甚至影响如何理解和重新定义人本身。

任何科学技术的出现和大规模的应用都会给人们带来一些困惑。人们所面临的首先是异化的问题，其次是人的贪婪和对于未知的恐惧。人工智能的出现，也给人们带来同样的困惑。会不会有一天人工智能取代人而存在？人是不是会有一天受制于自己创造的机器人？这是异化的问题。人工智能到底有多大的潜力？到底能不能出现所谓的通用的人工智能或超级人工智能？不管人工智能有什么样的潜力，有些商家总是会拿捉摸不定的未来说事，以谋取利润。他们总是会以不同的方式和手段来打造人工智能的神话。这是人的贪婪的问题。而人工智能有一天会不会发展到给人类带来毁灭性打击的地步？机器人会不会不断地创造机器人，或者发生变异？算法会不会导致新的算法或篡改人本来的意图？这些都是未知的问题。

人工智能伦理的探究，需要面对的问题在很大程度上就是以上由异化、贪婪和对未来的未知带来的恐惧。近年来，各国已经先后发布了数量可观的关于人工智能伦理原则的宣言和倡议。其中，普遍认可的原则包括关于透明度、平等/非歧视、责任、安全、隐私等内容。不过，目前已有的人工智能伦理原则仅仅是宣言式的倡议或承诺，缺乏具体程序和规则。在技术乐观主义和巨大现实利益的裹挟下，未来人工智能领域充满了不确定性和迷思。

在这样的背景下，人们需要清醒的头脑和深刻的反思，透过炒作的雾障看清事物的本来面目，从而保证人工智能不会朝着对人类不利的方向发展。郭锐这本书的出版恰逢其时，在为读者提供了正确信息的同时，表达了对人工智能发展前景的期望，也为它有可能导致的危险敲响了警钟。人工智能引发的伦理问题，反映的是人类设计、制造、使用和对待人工智能的道德关怀，所关注的是人工智能可能给人类带来的益处和伤害。总的挑战是，如何在享受技术进步带来的好处的同时，能够对其所带来的风险作出充分的反应。

这本书不足200页，可谓小书。但小书中却蕴含着大道理。作者以深厚的理论积淀、生动而明晰的语言、深入浅出的文笔对人工智能的伦理问题做了多学科、多角度的探讨和阐述，是一本具有理论高度、实践关怀及问题意识的佳作。该书内容翔实，线条清晰，包含了不少洞见，读者需要仔细品鉴。我很荣幸能够先睹为快，也非常郑重地把它推荐给读者。该书首先是一本系统性的学术著作，因此它是人工智能领域内的学人必读的作品。其次，该书也顾及人工智能在实际领域和部门中的应用，因此，它也是实际部门的业务人员应该了解的指南。最后，该书也是一本基础性的读物，可供大专院校的学生使用。

7 零工经济

20 世纪初的爵士乐手们大概从来都没想过：有一天，他们的工作方式，也就是演出一次、付一次报酬的模式，会成为许多人的自然选择。

由于经济危机带来的损失、平台经济的兴起、新冠肺炎疫情的影响，以及劳动者对自由的追求，零工经济发展的势头越来越猛。据麦肯锡环球事务所估计，从略微长远的角度来看，到 2025 年，全球可能有 5.4 亿人会通过“在线人才平台”寻找工作，预测最多会有 2.3 亿人找到工作。此外，据有些学者预测，届时，三分之一的工作将通过作为中介的数字平台进行。

所谓“零工经济”指的是根据临时雇用或合同的方式，按需提供服务的工作。零工经济主要有三个组成要素。首先，劳动者按一次性的具体任务、项目或轮班获得报酬，而不是按小时或工资计算报酬。故此，零工经济常被称为“自由职业者经济”“独立劳动力”“敏捷劳动力”或“按需经济”。其次，消费者要求由零工提供某种特定的服务，或搭车到目的地，或要求送产品或食物，或者是其他任何类似的服务。所以，零工经济也常被称为“共享经济”或“同行经济”。再次，专门的零工经济平台充当了劳动者与消费者之间的中介，因而还被称为“平台经济”。

“零工经济”这个概念，早在 18 世纪就已出现，但两个世纪之后才被大规模地运用。20 世纪初，“零工”一词用来指爵士乐手的现场音乐表演。2009 年，美国《纽约客》杂志记者蒂娜·布朗在一篇文章中使用了“零工经济”和“零工经济学”的概念，引起了人们的广泛关注。十多年后，这个概念已经成为辩论的焦点。

正如布朗所描述的那样，经济衰退促使人们追求自由流动的项目、咨询和兼职的零碎工作，以赚取让他们能够住公寓、缴医保、雇保姆及交学费的钱。一时间，做零工成为很多人的职业选择，包括受过良好教育的人。有人曾戏谑地说：“这么多的兼职人员一会儿在职，一会儿不在职，美国企业已经开始觉得自己在长期休产假了。”

在中国，按需送货的人员已经有了新的称呼——“网约配送员”。国家已经正式认可这种新型职业。而“零工”的概念还在不断丰富——主播、烘焙师、设计师、汉服造型师、创客指导师等新职业丰富了越来越多年轻人的就业选择。有关报告显示，2015 年，中国的零工经济人数就已达到 1 亿，其中以从事互联网相关行业的人数占比最高。

目前，人们对零工经济的关注主要是由数字技术的应用和平台的使用所推动的。在谈论零工经济时，主题通常是平台经济或平台工作。平台实际上成为一种新型的公司，其特点是提供基础设施，作为不同用户群体之间的中介，而且表现出由网络效应驱动的垄断倾向。

谁该为零工的健康和保险买单？零工群里，以零工司机为多。然而，零工司机的权益保障却远远落后于他们的需要。自优步和类似的按需平台成立以来，争论的焦点在于零工是雇员还是独立承包商。按需平台及其倡导者坚持认为，司机不是雇员，而是独立的创业者。他们每接一个乘客，司机就会随时随地一次性承包他们的服务。因此，平台公司不应该承担通常与雇用员工相关的法律责任，比如支付最低工资或缴纳社保。与此相反，这类公司的批评者认为，“独立承包商”的称号是违法和欺骗工人的烟幕。

前不久，优步上个月在英国输掉了对下级法院的一项裁决的最终上诉。该裁决授予了一批前优步司机一种介于雇员和自雇者之间的就业身份，称他们为“工人”，认为其有权享受假期工资和养老金。该公司此举将该国的优步司机重新归类为“工人”，而非独立承包商，这将使英国成为优步直接为其司机提供假期和支付养老金的第一个地方。

有意思的是，美国联邦政府和州政府对待优步的态度却大相径庭。在美国现行劳动法、雇佣法与税法体系下，工人在某一工作关系中，其身份可能是“雇员”，也可能是“独立承包商”。

雇员有权获得法定福利和保护，独立承包商则不同。在线平台公司与他们的零工所形成的关系使得这些工人在雇员地位与独立承包商地位之间形成一个灰色地带。美国法律并没有提供明确和普遍适用的规则来解决由此产生的歧义与模糊性，而且也无法确保裁决者能够作出一致以及可预测的决定。

就在优步上市前几周，优步司机准备罢工，以要求更好的工资和工作条件时，美国国家劳动关系委员会发布了一份建议备忘录，宣布优步司机是独立的承包商，而不是雇员，因此不享有集体谈判权。不久之后，美国劳工部发布了一份意见书，针对另一家零工平台公司的工人作出了类似的结论，指出这些工人不享有联邦最低工资或加班保护。

与此同时，一些州政府却采取了相反的态度。在 Dynamex 案中，加州最高法院裁定零工具有雇员身份。2019 年，加州州议会颁布了一项法案，将 Dynamex 案中的裁决纳入该州法典，并将其适用范围扩大到加州劳动法的其他部分。这种扩大意味着优步司机几乎肯定会被归类为雇员，除非该法律被废除或修改。

零工就业按任务付费，并可以自动停用账户的算法管理，是各国经济中最不稳定的工作类型之一。有些人认为，零工的工作只是为了方便而存在。由于几乎没有工作保障和福利，零工一直被边缘化，处在许多国家劳工就业法的保护之外，不得不通过诉讼来要求确认其雇员身份。

毫无疑问，零工经济打破了传统的用工关系。工人们获得了很大的自由，但同时也失去了相应的保障。而在许多国家中，现行的劳动法律法规、社保政策等并没有相应的规定。零工从业者在劳动中遇到的工伤、患病、养老问题都缺乏保障。

与社会经济生活的其他要素一样，零工工作涉及与社会的互动。监管者、客户、平台和工人之间的关系，以及零工工作的短期性和临时性意味着问题的存在。

比如，零工工人是否应该拥有从事特定任务的必要许可证？零工工作是否符合现行的税收规定？此外，移民和安全监管问题也牵涉其中。当然，更难的问题是如何对零工进行分类，以便根据不同的服务需要进行管理。

零工经济与工作的未来已经成为一个热门话题。工作越来越像在一个场所进行音乐演出，不能保证其延续性，但工人也可以自由选择下一步的去向。事实上，短期或不稳定的工作安排比正式的工作安排有更长的历史，无论是现在通过标准雇佣合同认可的正式工作，还是像家政这样的尚未被认可的工作。

零工经济不仅在重塑工作，而且在更广泛地重塑社会的各个方面。劳动者、平台和消费者都在从各类平台服务中寻求更大的灵活性。劳动者正在寻求更加灵活、适应性更强的工作方式；平台正在从以往的就业法规中解放出来；至于消费者，则越来越期待按需服务。

而零工工作者并不局限于信息技术和交通等传统的自由职业者密集的行业。数字自由职业已经成为所有主要行业就业的重要来源，让几乎所有的公司都有机会接触到新的自由职业者。

而且，并非所有的零工工作都是低薪的。在通过平台采购的自由职业者工作中，低技能、低工资的自由职业者任务只占一半左右；其余大部分由技能较高、工资较高的工作组成，如软件开发和设计。

这种摆脱传统工作形式的自由也有可能在未来造成更大的社会问题。在许多国家，社会保障——无论是疾病、退休，还是产假（陪产假）——都以各种方式与“标准雇佣合同”相联系。零工经济的短期灵活性给从事零工经济的人带来了一些好处，也给现在依靠各种方式外包工作的人带来了好处。但是，由于从事零工经济的人缺乏社会保障，其工作的社会成本将主要由个人承担。

据报道，大多数自由职业者并不是因为缺乏更好的选择而选择零工工作。对许多人来说，零工平台满足了他们在工作和私人生活中更大的自主性和灵活性的偏好。这就意味着，零工经济很可能会成为未来工作的理想模式。

8 所有权的终结

智能科技的飞速发展改变了世界，也改变了我们的生活。原本以为天经地义的事突然产生了疑问；经过多少代人的努力建立起来的制度和信心在不经意间走向了分崩离析。数字化转型促使人们重新思考习以为常的理论和实践。一个比较明显的例子就是现代社会离不开的“所有权”。尽管人们对“所有权”这个概念持有不同的看法，但基本上没有人会否定这个概念。但是，《所有权的终结：数字时代的财产保护》(*The End of Ownership*)这本著作的作者却有不同于众的看法。

在《所有权的终结》一书中，亚伦·普赞诺斯基（Aaron Perzanowski）和杰森·舒尔茨（Jason Schultz）探讨了所有权概念在数字市场中的转变，并对个人财产权的益处进行了论述。佩扎诺夫斯基和舒尔茨向我们详细解释了我们是如何失去拥有和控制我们的媒体和设备的权利的，以及我们个人和社会所面临的风险。作者仔细追踪了技术变化和法律变化，他们认为，这些变化削弱了我们对自己的东西为所欲为的权利。这些变化包括向云分发和订阅模式的转变、版权和专利法的扩大、数字版权管理（DRM），以及使用最终用户许可协议（EULA）来断言所有内容是“许可”而不是“拥有”。两位作者提出了令人信服的证据，表明我们中的许多人在“购买”数字产品时并不知道我们放弃了什么。

如作者解释的那样，所有权提供了很多好处。最重要的是，对东西的所有权支持我们的个人自主权，作者将其定义为我们的“自我指导意识，即我们的行为反映了自己的偏好和选择，而不是一些外部权威的指令”。它让我们选择如何处理我们购买的东西——保留、借出、转卖、修理、赠送或修改它，而无需寻求任何人的许可。这些权利对整个社会有更广泛的影响——当我们可以转售自己的东西时，就会促成二级市场和转售市场，帮助传播知识和技术，支持知识隐私，促进竞争和用户创新。这些权利对图书馆和档案馆履行其使命的能力至关重要。当图书馆拥有其收藏的书籍或媒体时，它几乎可以不受限制地借出这些书籍和媒体，而且它通常会以保护其用户知识隐私的方式进行借出。

作者反复提醒我们，由谁来决定什么是所有权、什么是许可权，这在个人和社会层面都是至关重要的。当我们允许公司通过 EULA 或数字版权管理来定义我们何时可以拥有自己的东西时，我们就把关于社会应该如何运作的重要决定从立法机构、法院和公共程序转移到并不具有动力为我们的利益提供服务的私人实体上。而且，当我们不知道在“购买”数字产品时到底放弃了什么，我们就没有做出明智的选择。此外，当我们选择单纯的使用权而不是所有权时，我们的选择会产生更广泛的社会影响。我们越是转向许可和订阅模式，那些宁愿拥有自己东西的人就越难行使这一选择，从而导致商店关闭、公司转变分销模式、一些作品从市场上消失。

这些长期以来为个人财产确立的权利，部分地受到版权法“用尽原则”的保护。正如作者明确指出的那样，该原则认为，当版权人出售副本时，其控制副本的某些权利已经“用尽”，这是版权法努力限制授予版权人权利的一个必要特征，以使过于宽泛的版权限制不会破坏对整个公众的预期利益。

当我们说个人财产权在数字市场上被侵蚀或消除时，意指使用、控制、保留和转让购买物的权利正从购买者历来享有的权利束中被剔除，转而交给知识产权持有人。这反过来就意味着，这些权利人对我们每个人如何在媒体消费，使用我们的设备，与我们的朋友和家人互动，花我们的钱，乃至过我们自己的生活有了更大的控制权。从这些方面来看，很明显，消费者和知识产权持有人各自的权利之间存在着难以调和的冲突。

总的来说，《所有权的终结》一书对我们如何失去宝贵的权利进行了深刻的阐述。它所提出的关于我们是否以及如何在数字时代保护所有权利益的问题，即便在技术和法律的不断发展中，也可能继续具有相关性。最关键的是，它要求我们重新思考我们希望由谁来作决定，决定我们的生活方式。虽然这本书处理了法律和技术方面的复杂问题，但它是以一种对律师和普通人来说都很容易理解和有趣的方式进行的。书中大量的现实世界的例子，从消失的电子书库，到拖拉机、玩偶和医疗设备对其所有者的控制的抵制，都让人看到抽象的法律理论的影响和改革的紧迫性。

评论者认为，《所有权的终结》用通俗易懂的文字呈现了数字消费者的混乱世界，用最简单的类比取代了枯燥的行话。它将回答你从未想过的数字所有权的问题。在这个日益复杂的世界里，充斥着难以读懂（或是没人读过）的条款和条件，而该书优美、简单的英语解释会让人耳目一新。

对于想要作出明智决定的消费者来说，阅读《所有权的终结》不仅仅是为了学到法律和经济知识，而是因为这本书与个人财产所有权非常相关，而且基于当前的趋势，它可能会更加关乎消费者的切身利益。

当然，电子书、云存储、流媒体和其他数字商品为用户提供了便利和灵活性。但是，普赞诺斯基和舒尔茨警告说，消费者应该意识到涉及用户限制、持久性和隐私的权衡。私有财产的权利是明确的，但很少有人会设法阅读他们的最终用户协议。作者认为，将私有财产和所有权的各个方面引入数字市场将提供法律和经济利益。但是，最重要的是，它将肯定我们的自我指导和自主意识。如果我们拥有我们购买的东西，我们就可以自由地对它们进行任何合法的使用。技术不仅能限制我们的自由，它也可以赋予我们权力。

当然，普赞诺斯基和舒尔茨对所有权的未来并不是完全悲观的，他们也留下了一线希望。他们认为，至少一些法院和政策制定者、读者、听众以及普通人正在表达他们自己的意见，认为所有权不只是某个已经过去的数字时代的人工制品。他们也提出了一套论据和改革建议，以便在为时不晚的情况下拯救所有权。他们提出的技术和法律改革策略包括减少欺骗性行为，遏制滥用 EULA，并改革版权法。其中，最彻底的建议是以灵活的、多因素的形式仿照美国的公平使用原则对版权用尽原则进行立法重组。然而，一般而言，即使适度的改革尝试也未必能在国会获得必要的支持，以推进改革，像这样一个更雄心勃勃的建议，至少在近期不太可能实现。

9 “智道”栏目百期感言

“智道”栏目自2019年3月问世以来，仰仗各位志趣相投的学人，本着求实求真的态度，以审慎之笔阐明事理，将新颖内容呈之于众，稳扎稳打，不事炒作，不为跟风，倏忽间已满百期。忝为主持，感触良多，谨在此向法治周末报社、众位作者及读者表示衷心感谢。

当今之世，后人类思潮席卷全球，智能科技锐不可当。此乃一巨变时代，一个大转变的浪潮中鱼龙混杂、泥沙俱下的时代，一个孕育着无限生机的跑马占地、原始积累的时代。但同时，这也是一个危机四伏、难以应对、难以预料的时代。

这是一个“化”的时代：数字化、机器化、自动化，不一而足。这也是一个“时代”的时代：人工智能时代、算法时代、数据时代、零工时代……除了“时代”，还是“时代”，足见这更是一个语言贫乏的时代。

然而，不管处在什么时代——新时代、后时代，抑或是未来时代，我们都需面对人和科技的问题。无论面对的是旧科技、新科技，还是智能科技，我们都必须面对科技乌托邦和科技现实主义的对垒，面对智能科技研发中的难题和利益驱动下的炒作，尤其要面对“人工智能是否会代替人类”这种可怕的忧虑。这显然是我们这个充满了未知而且动荡不堪的世界上，一个关乎所有人的困惑。

有一些人相信，人机融合的时代将很快来临。届时技术变革的速度之快、影响之深，将使人类的生活发生不可思议的转变。人的身体、思想将会与科技紧密结合，超越了我们的生物性根基。人类和机器之间、物理和虚拟现实之间将没有区别。

更为理想的是，用纳米机器人重建世界；延长人的生命，超越目前约 120 岁的年龄限制；用云端的非生物智能扩大生物的能力并重塑智能；通过尖端科技减少贫困和暴力，改善人生；将可再生能源和 3D 打印技术应用于衣服、建筑材料、人体器官培养等领域。真可谓前景一片光明！

然而，已经形成的事实是，智能科技的发展仅仅是人的智性单向度的发展。高度发达的智性牺牲了人的情感，使人性失去了平衡，从而使人单向度发展。现实中，失去了情感和灵魂而只顾追逐利益的单向度的极端理性主义者已经出现。

在极端理性主义者的视野中，只有理性、逻辑、科学、经济与法律才是人生的本质，而美德、情义、审美、道德、信仰、操守、同情、礼让、慈悲这些仅仅是陪衬而已。令人难以理解的是，面对这种悲催的境况竟然有人拍手称快，谷歌公司的未来学家雷·库兹韦尔和历史学家尤瓦尔·赫拉利便是其中的“啦啦队员”。

正是在这种背景之下，《法治周末》报推出了一个并不引人瞩目但又与众不同的栏目——智道。该栏目聚焦于前沿科技与法律伦理的交汇碰撞，探索智能科技与法律的互动与辩证，旨在普及智能科技知识，提升民众的信息素养、数字素养、数据素养等智能科技素养，并且培养有志于从事科技与法律伦理研究的知识后生。

该栏目自创立以来，智道所载文章，凡智能科技诸领域无不含蕴。其中犹重数据治理、算法问责、人脸识别、数字素养，等等。文章短小精悍，一事一议，风格迥异，各抒己见，百篇锐文，百花齐放。有关于智能科技前沿问题的，有关于法律政策的，也有关于现实问题的，无一不与当下生活密切相关，无一不在前沿领先。

“智道”的定位在于努力促进不同文化领域的沟通，拉近专业人士与业外人士之间的距离，希冀在智能科技时代，所有人都能够了解并使用智能科技，消除所谓的“数字鸿沟”，避免大多数人成为被算法社会边缘化的“闲人”，或者沦为有知识的无知者和为平台视野所困的井底之蛙。

也许有人会问，面对如此巨变的时代，像“智道”栏目这样微不足道的努力真的有用吗？

我们也深知使命之艰难。然而，不积跬步无以至千里；勿以善小而不为。迷暗之际，萤烛之微光，虽不能代天地扬威，却可为乾坤增色，何乐而不为！更何况，“智道”本身也提供了一个学习的机会，团结了一大批有志于探索智能科技与法律研究的优秀人才。回首百期历程，期望栏目建设百尺竿头更进一步，读者朋友们通过“智道”能够收获更多知识，结识更多朋友。

第六编

NFT、元宇宙、网络 3.0

1　什么是元宇宙?

2021年10月28日，扎克伯格宣布把脸书改名为Meta，指出要专注于以虚拟现实为主的新型计算平台，即所谓元宇宙（Metaverse）。而且，扎克伯格认为，元宇宙是下一个前沿，互联网的未来。Meta公司以后将以元宇宙为先，而不是Facebook为先。

那么，扎克伯格为什么要改这个名字？为了公司发展？这是冠冕堂皇的理由，但是实际上可能还有一些理由。只不过这些理由我们只能猜想，并不能确定。大概而论，可能有以下这些原因。第一，脸书面临着很多诉讼，美国政府一直在盯着它。岂止政府，实际上是除了政府之外，学界、商界、社会组织及很多个人都盯着它。所以，在这个时候改名易姓有“换个马甲”的意思。第二，可能比较实质性的原因是，脸书实际上只有组织者和它的受众，而没有第三方平台。没有别的平台介入，为其创造商机，或者提供服务。脸书可能意识到了这一点，也就想着怎么样招徕第三方的参与。第三，前不久它的一个工作人员泄露了一些脸书的内部文件，这些文件对脸书的声誉造成了很大的影响。那么，在这个时候把脸书改成Meta可能有为其挽救声誉的意思。第四，近年来脸书实际上丢掉了很多年轻受众，年轻人都去了抖音、Snapchat等更好玩的新晋平台。脸书更名，此举也在于用新的概念、新的业务把年轻人重新赢回来。当然，脸书的更名更重要的是表明了它对美国反垄断措施的一种回应，尽管这种回应可能不是政府想要看到的。

那么到底什么是元宇宙？这个问题当然不是三言两语能回答清楚的。因为这个概念本身还没有成形，我们现在能领会到的只是这个概念最初的一些特征和大概的轮廓。我想从两个方面入手。一方面，看看元宇宙这个概念出现在我们面前的特殊途径。首先是科幻小说里出现的场景，游戏公司尝试把它付诸行动，然后社交科技巨头画了一张“大饼”，Metaverse 就成了一个热词。这个概念产生的过程跟通常一个概念被人们接受、传播的方式很不一样。在传统的意义上，一个概念的产生要么来源于优秀思想家创造性的思维，要么来源于实践者对自己在实践中的收获的总结，并把它上升成一种理论，提出一种概念来，这需要很长的时间才能够为人们所接受。但是现在不一样了，某个概念，只要由具有影响力的人提出来，马上就会成为热词，这是信息社会和知识社会的很大不同。据几位学者的研究，从 2012 年到 2021 年，只有两篇学术文章谈到 Metaverse。故此，Metaverse 基本上是没有经过研究的概念。

另一方面，我们不要忘了，在互联网产生之后，产生了移动互联网和物联网（Internet of Things）。但是，有人觉得 Internet of Things 这个说法其实不够完整。因为在 Internet of Things 考虑到的只是网络和通过它联结的物理世界中的一些硬件等，却没有考虑到两个更重要的因素：人和程序。于是，他们就用了另外一个词，叫万物网（Internet of Everything）。万物网的概念既包括网和物，也包括人与程序，等等。Multiverse 和 Metaverse 这类概念实际上和万物网很相近。

Metaverse 本身不是一种方法，也不是一种技术，它只是试图将各种主要用于娱乐的尖端技术融合到一起，创造一个环境、一个场域或者一个空间的愿景。《牛津词典》中说，“Metaverse 是一个虚拟现实空间，用户可以在其中与计算机生成的环境和其他用户进行互动”。当然，如果我们想要了解这个词的具体含义，还是应该从斯蒂芬森的《雪崩》开始。

在《雪崩》一书里，斯蒂文森实际上描述了一个非常悲哀的世界。该书以 21 世纪初为背景，那时全球经济已经崩溃，联邦政府已经失去了大部分权力，被少数巨头公司所控制。世界进入了一个“恶托邦”(dystopia)。Metaverse 是一个逃避恶托邦的地方，小说的主角是一个濒临破产的电脑黑客和披萨送餐员，大部分时间都在那里度过。他通过佩戴护目镜和“耳机”进入 Metaverse，并以自己定制的化身出现在数字世界中。一旦到了那里，化身可以漫步在一条宽阔的街道上，长达数万英里，这里有游乐园、商店、办公室和娱乐中心。可以用加密的电子货币进行交易。而在 Metaverse 中的行为会产生严重后果。剧情的大部分都是围绕着主角试图阻止一种计算机病毒，这种病毒会导致 Metaverse 的用户在现实生活中遭受脑损伤。

后来，我们看到好多游戏公司把《雪崩》中关于 Metaverse 的想法付诸行动了。其中，一个我们大家可能都比较熟悉的是 2013 年的 Second Life。在这个游戏中，已经采用了与替身一起玩的方式。当然更重要的是罗布乐思（Roblox）。这个被称为“元宇宙第一股”的游戏公司在其招股书中明确了元宇宙这个概念：

> 有些人把我们的类别称为元宇宙，这个术语通常用来描述虚拟宇宙中持久的、共享的、三维虚拟空间的概念。未来学家和科幻小说作者提出元宇宙的想法已经有 30 多年了。随着日益强大的消费者计算设备、云计算和高速宽带互联网连接的出

现，元宇宙的概念正在成为现实。[1]

这里面提到了一个大的概念，很有意思，叫虚拟宇宙（Virtual Universe），而元宇宙乃是这个虚拟宇宙里面的一个三维空间。换句话说，元宇宙并不是一个宇宙般的大空间，而是在虚拟宇宙这个大空间里存在的某一个虚拟空间。有一点像真实世界中我们对宇宙的理解。在宇宙里，有银河系，有太阳、月亮、各种星球。而在虚拟宇宙中，也会有各种各样的元宇宙。

游戏公司罗布乐思在招股书里提到，元宇宙有八个重要特征，即身份，朋友也就是社交，沉浸感、随时随地、低延迟、内容的多元化、经济及安全。很有意思的是，我发现元宇宙这个概念热起来后，好多地方出了关于元宇宙发展的报告，有些还是很好的学校在研究的。而在这些报告中，反复提到“文明”这个价值。我不知道这个“文明”是从哪来的，因为罗布乐思的招股书中写得很清楚，是安全（safety），而不是文明。

那么，扎克伯格的 Metaverse 又是怎么回事呢？扎克伯格说，元宇宙就是一组相互连接的数字空间，让你在其中做一些物理世界中无法做到的事情，而重要的是，它将以社会存在为特征，无论你碰巧在世界的哪个角落，你都能感觉到与另外一个人在一起。这一点是他特别强调的。他在好几次讲话里强调说，我们跟别的公司不一样，别的公司只是讨论工具，讨论人和物，而我们想要做的，是要联系人与人，要以人为中心。这也是他的 Metaverse 的卖点。但事实上，他这个话说出来之后，引起了一系列的负面反应。最根本的是，既然要以人为中心的话，我们自己就在现实世界里面活动了，为什么还要到你的虚拟世界里呢？

话说回来，扎克伯格的 Metaverse 也要通过虚拟现实的头盔或者之类的东西链接，以化身进入，计划使用加密货币，支持 NFT，然后有临场感、沉浸感、即时感，等等。粗略地对比一下，你会发现，扎克伯格的 Metaverse 基本上来源于斯蒂文森的 Metaverse，而且主要的步骤和内容跟斯蒂文森的基本上相同。那么这就有问题了，人们很快就会联想到这两者间的关系。

有记者专门访问了斯蒂文森，问他是不是跟脸书有来往。令人感到意外的是，斯蒂文森说，他跟脸书没有任何来往，从来没有跟扎克伯格通过信息。然后记者就问他说，那么这里面有版权的问题，这个概念是你创造出来的，那么别人要用的话多少应该尊重你，你是不是跟游戏公司签订过协议，等等。斯蒂文森回答说，跟别的游戏公司有过一些协议，但和脸书之间从未有过任何协议。

这个时候你就会想一想为什么会是这样。扎克伯格为什么不去问一下斯蒂文森，给他打个招呼，或者你至少说我要用你的这个想法，用你的想法，是不是能获得你的支持，等等。这是一般人都会想到的，但是扎克伯格没有这样做。所以，我觉得舆论媒介对扎克伯格那么不友好，是有一定道理的。

通过上面对 Metaverse 这个概念的起源和发展的描述，我想现在大概可以做一个结论性的总结。我认为 Metaverse 实际上就是一种幻境，给你创造了一个虚拟的东西，很可能它就是网上的“迪士尼 +”——迪士尼的增强版。你在其中可以尽情玩耍，也可以观看演出，或者参加各式各样的竞技，获得奖品。当然，这是比较客气的说法。《金融时报》的一位作者说，Metaverse 实际上是拉斯维加斯的最新化身。虽然有点过分，但也点出来一些问题。比如，现在在 Metaverse 里热炒 NFT，多少有点赌博的意思，而且玩和赌往往是交织在一起的。

Metaverse 提供的实际上是一种幻境，把有些人偶尔做的梦变成可以重复的梦。戴上头盔和手套，即可进入一个梦幻的自由世界，可以随意追求现实中无法实现的目标，可以成仙得道，遍游世界。一旦取下头盔，即刻回到现实，霎时“阴阳两隔”，梦境荡然无存。而且，做这种梦是需要花钱的。

Metaverse 很可能成为虚拟空间的代称，而不是特指某一个大的虚拟空间。也就是说，它不是一个跟我们的宇宙或现实世界平行的另一个世界。我觉得比较清楚的是，它是一个大玩场，其中有两路玩家：一路是在里面玩的小朋友，一路是在外面赚钱的商家。

然而，元宇宙一旦火起来，其发展势头猛不可挡。各行各业都开始进军元宇宙。尽管元宇宙是不是一个伪命题，谜底尚未揭开，但也不妨碍美妆产业将其作为一种创新的营销手段。某地景区设立了元宇宙研究中心，而且表示他们是非常认真的。网民评论说该景区在蹭热点，蹭出了水平，蹭出了威风，蹭出了高度。万物皆可元宇宙。另外，元宇宙“妖股”频出。目前，涉及元宇宙概念的上市公司就有几十家，但是大多数相关公司还没有成型的产品。

更有意思的是韩国政府，它以非常积极的态度，要求公私合营来发展元宇宙技术。除了政府的支持外，韩国商界、学界都对元宇宙一片叫好。当然，作为一个外国人，我们没有正当的理由来评价别国政府的政策和实践。但是在我看来，也许政府不应该支持这样一种活动，商家去做就够了。

与韩国和中国的情况不同，美国政府到现在没有任何举动，商家们已经在跃跃欲试，而媒体及学界对元宇宙似乎评价并不高。

Niantic 首席执行官约翰·汉克（John Hanke）在一篇博文中写道：“这些天来，很多人似乎对把这个接近未来的虚拟世界愿景变成现实非常感兴趣，包括一些技术和游戏领域的大人物。但事实上，这些小说是对因技术出错而有可能出现的恶托邦（Dystopia）的警示。”[2]也有人认为，Metaverse不过就是一种公关的手法，已经被批评为一种使用基于现有技术的纯推测性的“过度炒作”的概念进行公关的方法。信息隐私和用户成瘾是Metaverse的关注点，这也是当前社交媒体和视频游戏行业整体面临的挑战。[3]还有更过分的，说元宇宙是一个最大的监控工具。

比较有意思的一个说法是，元宇宙将会是线上身体异形症或者叫恐丑症的场所。所谓恐丑症指的是，有一种人对自己脸上或身上的瑕疵过分担忧。要是有一点点瑕疵，就不想出门了，觉得见不得人了，以至于导致精神崩溃，一病不起。在元宇宙里，人们都以化身出现，交流娱乐。比如，以后在元宇宙里去开会，都是以化身出现，那么，化身是不是能代表自己，在何种程度上代表自己的审美观和气质，就成了个问题。目前提供的化身只有上半身没有下半身，看上去特别可笑。随着元宇宙的不断发展，人们可能会在自己的化身上花费点心思，整理发型、胡子，或者服饰。这样的话就会造成一种现象，人们可能会在这上面花很多时间。

其实这里面有一些比较重要的问题，很值得大家思考。谁会使用Metaverse？谁会从Metaverse中获益最多？你能从Metaverse获得哪些你在现实生活中可能无法得到的？你想一直戴着头盔吗？这是一种什么样的文化，一种伪装成全民文化的亚文化？

谁会使用Metaverse？比较清楚的是，我们都会使用，但是程度可能不一样。成熟的人会在需要的时候就用，没需要的话就不用。但是，青少年可就不一样了。他们贪玩，只要好玩，就会无休止地玩下去。

谁会从Metaverse中获益最多？毫无疑问，那一定是商家、游戏公司、投资者和网络平台提供者。一般的人能从 Metaverse 中获得哪些在现实生活中可能无法得到的？细想之下，其实并不多。一般人一日三餐，要抚养孩子，照顾老人，要上班，跟同事在一块工作，跟朋友交往，需在亲身经历中满足需要，获得慰藉。当然通过 Metaverse 也可以参加工作、娱乐或交友，但那是远程虚拟的。现在，要是用 Zoom 用多了的人，可能绝对不想再去所谓的虚拟世界里开什么会了，都想着在现实里见到真正的人，而不是去面对电脑镜头里的人或照片。

那么你想一直戴着进入元宇宙的装置吗？斯蒂文森在他的《雪崩》里描述了 Metaverse 中的一种人，24 小时都戴着各种各样的东西，不断地监视别人。由于职责的需要，他们必须全天候地生活在 Metaverse 中。斯蒂文森给这种人起的名字是“石像鬼”（Gargoyles），也就是西方建筑上的那种屋脊兽，比喻可怕而丑陋的事物。你要 24 小时都戴着进入元宇宙的装置的话，你就会成为“石像鬼”了。

很可能 Metaverse 是一种亚文化，也就是某个群体中盛行的文化，而不是全民的文化形式。普通人不会把精力投入其中。

注释

1. https://www.sec.gov/Archives/edgar/data/1315098/000119312520298230/d87104ds1.htm.

2. https://nianticlabs.com/blog/real-world-metaverse/?hl=en.

3. https://en.wikipedia.org/wiki/Metaverse.

2 “元宇宙”的翻译是错误的

国人对Metaverse的痴迷是否与该词的翻译有关？中文“元宇宙”的翻译堪比赤脚大仙的翻译。赤脚大仙是中国古代民间传说和道教传说中的仙人，是仙界的散仙，以其赤脚装束最为独特。在《西游记》中，孙悟空扮作赤脚大仙去赴蟠桃宴，闹了个不亦乐乎。有一位大翻译家，没太理解赤脚的含义，以为赤脚中的“赤”字是红的意思，因此把赤脚大仙翻译成了“红腿大仙”（Red-legged Immortal），一时为人诟病。在英语里Metaverse被解释为Meta加上略去（uni）verse的universe。但Meta并不是元的意思，而很可能是超过的意思，跟“元”没有关系。Meta在汉语中的确有“元”的意思，比如Metaethnics被翻译成“元伦理学”，而Metaphysics却是“形而上学”。

Metaverse的中译文“元宇宙”正是犯了同样的错误，一种望文生义的机械翻译。这个词的可能含义有“虚实网”“虚实汇”“幻境”“超时空”“超元宇宙”（斯蒂文森的《雪崩》中的汉译），等等。“元宇宙”这三个字在汉语中是何意思？从字面来理解的话，我们不知其所云，无法判定它是何物。但它绝不是宇宙之前的宇宙或者超越宇宙的宇宙。事实上Universe的含义可能是一个场所的意思，比如University（大学），而并不仅仅指通常我们所理解的宇宙。我比较倾向于用“幻境”这个词来形容Metaverse。

翻译其实是需要很强的责任心和超高的语言能力的。翻译不是把不同语言中表达同一事物的词语对号入座，而是要在充分理解原文的基础上用地道的母语予以表达。在科技突飞猛进的背景下，机器翻译的成就给有些人提供了便利，从而看轻甚至忽视了语言的灵活性和翻译的难度。因此，造成了“硬翻”“生翻”和没有节制的“乱翻”的普遍现象。要说我们整个学界，包括人文、社科、科技领域，对翻译的态度极其肤浅，恐怕不是一种耸人听闻的指责。截至目前，学界本来就没有认真对待翻译。回想当年，系统论（Systems Thinking）、控制论（Cybernetics）、运筹学（Operations Research）等词的翻译，那已经是不可企及的过去。当年的老先生们经过缜密思考，认真推敲，才有了恰如其分的翻译，流传至今。

然而，值得一提的是翻译词语的经济价值。也许，一个词语翻译太准确，反倒不能吸引眼球。不清不白的翻译可能更具有经济价值。元宇宙自是其中一例，但这种例子不胜枚举。把一种叫 Red Delicious 的苹果翻译成“蛇果”，把葡萄的一种翻译成“提子”都属于此类。而命名的艺术（唯一性）：微软、IBM、Alphabet、谷歌、Meta……则更具经济价值。语言经济学[1]的研究已有不少成果，但翻译词语的经济价值还没有引起学者们的兴趣。

注释

1. https://www.amazon.com/Linguanomics-What-Market-Potential-Multilingualism/dp/1474238297.

3 玩家的利益与伤害原则

我们现在已进入一个玩的时代，这是人的本性的驱动。玩是人的天性，我们必须要承认它。当然，玩也可能有其他的一些原因，比如说摆脱现实生活的束缚，或者向往更加自由的人生，或者对危机的一种鸵鸟政策等。但是无论如何，玩也是科技进步的一个非常大的驱动力。

游戏哲学家伯纳德·舒兹（Bernard Suits）认为："玩游戏是一种把时间花在无谓挑战上的自愿举动。"德国诗人和剧作家席勒认为："人类在生活中要受到精神与物质的双重束缚，在这些束缚中就失去了理想和自由。于是人们利用剩余的精神创造一个自由的世界，它就是游戏。这种创造活动，产生于人类的本能。"席勒说："只有当人充分是人的时候，他才游戏；只有当人游戏的时候，他才完全是人。"弗洛伊德认为，游戏是被压抑欲望的一种替代行为。英国哲学家赫伯特·斯宾塞说："人类在完成了维持和延续生命的主要任务之后，还有剩余的精力存在，这种剩余的精力的发泄，就是游戏。游戏本身并没有功利目的，游戏过程本身就是游戏的目的。"还有，出于好奇、无聊，对现实失去信心和希望而玩游戏。但玩的同时也在创造。

约翰·菲尼斯的新自然法学认为，玩——为了游戏而进行的表演，是一种基本的善，亦即人类繁荣的一种形式。它是和生命——第一个基本价值、知识——对真实而非虚假信仰的偏爱、审美经验——对美的欣赏、友谊或社会性——为了朋友的目的或福祉而行动、实践合理性——利用自己的智慧来选择行动、生活方式、性格，以及宗教——反思宇宙秩序的起源和人类自由与理性的能力等相提并论的一种基本的善。

但是“玩”这个价值到现在为止，一直没有引起学术界的普遍关注。究其原因，可能是因为人们习惯上只是把“玩”和小孩子联系到一起，认为玩是孩子们的事，而忽略了玩也是大人的特点。过去十多年间才有了一些比较认真的研究。Routledge 出版社近年来陆续出版了一些关于玩的学术著作，旨在强调玩，不光是孩子的事，也是大人的事，是儿童和成人的社会生活和幸福的重要组成部分。

但是，玩的时候我们要考虑到，玩家的利益必须受到保护。因为每个人都有做自己喜欢的事的自由。喜欢玩，就有玩的自由；喜欢投资，就有投资的自由。所以，两路玩家，即玩游戏的人和投资游戏的人，他们的利益都应该得到保护，对他们唯一的限制，就是这句医务人员比较熟悉的誓词——“首要的是不能造成伤害”（Primum Non Nocere）。

这句名言在其他领域中也有不同程度的使用。学法学和政治学的人可能就比较清楚约翰·斯图亚特·密尔（1806—1873）在《论自由》（1859 年）第一章中指出的，对文明社会的任何成员可以违背其意愿，合法行使权力的唯一目的是防止对他人造成伤害。法国 1789 年的《人和公民的权利宣言》中早有类似的表述：“自由包括做任何事都不伤害别人的自由；因此，每个人行使自然权利没有任何限制，除了那些确保社会其他成员享有相同权利的限制。这些限制只能由法律来决定。”

也就是说，你在行使你的自由的时候不要去伤害别人的自由。我想这是一个重要的原则，用来理解元宇宙这个现象也是恰当的。我们看看脸书是不是会给别人造成伤害，整天这么大的一个头盔戴着，舒服吗？不会对人造成伤害吗？

脸书把奥克拉斯（Oculus）买下来了，准备让它发展 VR 装置。也许，器械或者某种装置会改变，它会变得更小更轻巧，但是它始终需要你去佩戴，那就一定会造成影响或者伤害。即便是实现了用眼镜替代其他装置的理想，戴眼镜也还是一种负担。脸书最近发布的那种很有触摸感的手套看上去有点复杂。

4　知识人的责任和数字素养

我最近看的一本书是基辛格博士和两位科学家学者写的关于人工智能的。这本书是 2021 年 11 月出版的，叫《人工智能时代与我们人类的未来》(*The Age of AI and Our Human Future*)。这本书可能是近年来出版的关于人工智能的书里最值得一读的好书。基辛格现在都 94 岁了，思想还是非常活跃。他很早以前就关注到了人工智能对社会的影响。有人访问他的时候，他说了两句话，实际上就一句，我觉得说得非常好，是对于我们知识人的一种要求。

他说，“你们研究应用，我研究影响”(You work on the applications. I work on the implications)。你们做你们的事儿，我做我的事儿，那么知识人应该做什么？我认为，知识人所关注的应该是影响（implications）。我们没能力参与研究开发，那是技术人员、科技人员做的事情。但是，我们该考虑某一项成果、某一项研究问世之后，它会造成什么样的影响，对社会的影响、对人的影响、对各种各样的制度环境等的影响。我觉得这是我们知识人应该做的事情。

另外，在信息社会如何追求知识，而不是追求信息，成为知识人的重要任务。现在越来越清楚的是，快速的经济发展和科技发展产生了源源不断的信息，而信息马上就会变成经济利益。这样就省去了很多哲学的思辨，文学上的抒情，以及人类学、社会学方面的研究。这些研究似乎已经微不足道了。这显然是人性贫困化的象征。因为现在的社会所关注的不是知识，而是信息。但是，知识是通向智慧的，而信息则可以使人随机应变（smart），可以带来商机，但它不会持久，很快就过时了。

今天我们谈元宇宙的时候，实际上只是在谈一些信息。我们还没有触及元宇宙的内容。然而，支撑元宇宙的具体技术早已存在。大家都很熟悉的 VR 技术、网络技术，等等。面对现在这种所谓智能社会或者信息社会的时候，知识人应该是以建设性的批判态度看待一切，尤其是面对现在监控资本主义、人性简化论、数字鸿沟、科技炒作等现象。

那么具体来说，首先我觉得应该注重的是要破除市场幻象，这就是培根曾经提到的四种幻象里面的其中一种，主要指的是语言与现实不符的状态。这种状况是非常严重的，我们所使用的或者被告知使用的词语同现实严重脱节。被反复热炒的概念到头来谁也不知道其确切含义。词语造成的幻象深深地植根于当今社会，满足了人的修辞需要，而过分的修辞就等于忽悠。如何能够把语言和现实紧密结合在一起，是非常值得探讨的难题。

其次，如何能够助力解除所谓“韭菜型”生存的困局。我们今天的生存基本上属于“韭菜型”。使我们进入这种困局的不仅仅是政治上的或者经济上的原因，技术进步也是主要原因。一般人很难冲破这种困局，只能让人来割。比如，你买了一部手机，你想要让它为你更好地服务，你就得去买与它相关的应用。如果不去购买各种服务应用，你就无法使用你的手机。还有各式各样的会员制、长期订阅及更复杂的各种活动。这种“韭菜型”生存的情况是非常严重的，如何能够解除这种困境也是知识人应该努力的方向。

再次，也许是更重要的一点，那就是不可误导决策者。我们必须要分清楚科技现实主义、科技理想主义，以及科技乌托邦之间的区别。科技现实主义就是采取实事求是的态度，着眼于科技发展的现状，弄清楚科技现在能做什么、不能做什么，并且基于实事求是的理解采取相应的态度，作出适当的反应，制定切实可行的策略。而不是着眼于未经证实的猜想和推断。这对于决策者来说是至关重要的。决策者们往往需要知识人给他们提供意见、看法。应该不应该做，什么样的情况下应该介入或者不介入，这些事情应该是知识人来把它搞清楚的，千万不可以误导决策者。因为误导决策者之后就会导致有限的资源的滥用。比如，如果请政府出面来支持元宇宙的研究，那就很有可能浪费资源。任何地方资源都是有限的，应该用在特别需要的地方，诸如建设好的学校、修路、加强基础设施建设。误导决策者而作出错误的决策，知识人应该有负罪感。

科技理想主义和科技乌托邦主义是面向未来的。未来学是一门有趣的学问，但是我们只能把它作为一种拟制性的文种来对待，把它看作是科幻小说的同伴。在欣赏其无穷奥妙的同时要保持清醒的头脑，切勿被它的花言巧语所迷惑，以至于丢掉应有的理性判断。

对于知识人而言，面对元宇宙这样光怪陆离的现象，应该做的莫过于助力提升全民的数字素养、普及智能科技的基本知识和技能。我看到美国已经出版了不少面向一般民众的智能科技通俗读物，教大家如何掌握必要的数字基本知识。这当然是随着数据民主化运动的过程而产生的。

5　与元宇宙相关的一些法律问题

元宇宙肯定会引起一些法律问题，但这些法律问题实际上不仅仅是与 Metaverse 相关的。就法律而言，Metaverse 只是一个小题目，没那么重要，并不值得去特别关注，但值得关注的是，我们今天所面临的这种智能科技主导下的文化现象，制度改进或者科技创新等，尤其包括算法、数据、区块链、网络、人工智能等一系列的新科技和它们引起的后果，这些需要法律持续的关注。

Metaverse 只是其中的一个例子，而这些法律问题实际上是连贯的，并不是专门针对 Metaverse 的。实际上，我们到现在应该考虑的法律问题可能很多，这就选择以下几个方面，简单地说一下。

从宪法的角度来看，首先牵扯到的是主权，像 Meta 这样的大公司，是一个跨国的世界性组织，牵扯到几十个国家。那么，这里存在的一个问题是，像这样的大公司，它本身有没有主权，或者说它的这种规模和主权国家会形成一种什么样的张力？然后，更重要的一个问题可能是，承认或者不承认像 Meta 这样的大公司的宪法地位，以及它有可能改变我们现有政治结构的权力。我们习惯于谈国家、社会、市场、民众、社团组织，等等。那么，超级平台等大公司会不会改变现有的政治结构，这是一个大的问题。扎克伯格曾经明言，脸书事实上更像一个政府，而不是传统意义上的公司。脸书有自己制定规则，自己执行，自己裁决的实践。

如果采取一种比较武断的态度，一开始就不允许大公司参与到政治里面来，不承认它的这种力量，那么，可能会碰到更棘手的问题。比如货币发行，因为 Metaverse 肯定要发行自己的货币或者类似的凭证，那么这种货币和法定的货币之间应该有一种什么样的关系？这在美国是一个棘手的问题。比特币、各种代币、加密货币等已经形成了初具规模的市场，它实际上对美元起到了一定的冲击作用，这是一个宪法上应该考虑的问题。当然更重要的宪法问题是，由于化身的普遍化，个人身份的界定就成了问题。如何界定现实—虚拟这种状态下的人的身份？传统宪法和宪法学考虑的是实际的人，但是没有考虑过虚拟的人。化身和主人、化身与化身、虚拟人和现实中的真人之间的互动如何来调节，当一个人有几个化身时，如何证成某一个人的真实身份，确定应当保护哪一个化身？

从国际法方面来看，管辖首先是第一个问题。像 Meta 这样的大公司会涉及好多国家。一旦出现问题纠纷，就有一个管辖的问题，有管辖的问题，就肯定有一个适用法律的问题，如何进行司法协调、如何解决纠纷、如何安排执行等，这些问题都与国际法有关。互联网兴起之初，曾经有过讨论，要不要制定类似于国际公约的文件，制定一个国际公约，或者是互联网宪章，作为治理全球互联网的基本准则，供各国遵守。但是由于各种原因，到现在为止还是没有形成共识。这样一种国际公约或者宪章看来是必要的。在 Metaverse 中，自然也有其自身的制度和规则，但这些制度和规则必须以国际规则作为基本原则。

从人权的角度来看，可能消费者保护法是 Metaverse 里最重要的人权。大家都可能不言自明，我们的隐私到底在什么样的程度上能够得到保障，用什么样的方法才能够保障我们的隐私？消费者进入这个 Metaverse 之后，他们会享有什么样的权利，他们的权利受到损害之后应该如何去保护？诸如此类的问题，应该是比较重要的人权问题。这其实与宪法也有关系，一种新的宪法权利——数据隐私权可能已经成为必需。

而未成年人保护，那就更重要了。也许可以说，在与 Metaverse 相关的法律里，未成年人保护法是最重要的。“脸书档案”，也就是泄露的文件里曾经提到脸书有意吸引少年儿童（preteens）的注意，这是很要命的。应该严防 Meta 利用 Metaverse 达到这个目的。小孩子有玩的权利，这是他们的天性，也是联合国儿童公约规定的，但是同样重要的是要防止他们成瘾，造成身心伤害。比如，限制戴头盔的时间，让小孩子们什么时候能上网、什么时候不能上网，诸如此类的规定可能有人觉得过分了，但为了下一代的健康成长，各个国家都有一些具体的保护未成年人的法规和政策。Metaverse 把所有能玩的东西都集中到一块，这对于少年儿童来说是无法抵抗的。

另一个重要的领域是关于虚拟财产权利的法律。必须要明确平台、创业者及玩家各自的权利，充分界定虚拟财产权，比如可选择权、可携带权或者到其他平台使用的权利。人们要通过替身 / 化身在 Metaverse 里交流，就该有权选择自己的化身。同时，也应该有携带化身到别的平台玩的权利。比如我在 Meta/Facebook 的 Metaverse 玩腻了，想到罗布乐思的 Metaverse 里去转转，我可以带走我的替身。也就是说，我有对自己替身的选择权、携带权及到别的平台使用的权利。当然虚拟财产权是一个非常复杂的概念，可能需要仔细钻研。虽然现在已经有一些研究，但还是不够充分。

反平台垄断法。Metaverses 应该是一个复数，不仅仅是 Meta 一家。为了保障各家公平竞争，那就必须要设立严格的监管机构和制度，等等。比如，大家都去了 Meta，其他的公司就进不去了。因为在互联网时代，市场先入的优势几乎是绝对的。竞争已经不像以前，传统的公司垄断不会完全彻底，总会留下一定的空间让新竞争对手发展，但在互联网这个时代，这样的情况就不存在了。因为先入为主的公司占有了关键的数据，给后来的商家造成了进入的障碍，使其无法参与竞争。因此，保障公平竞争、反垄断面临着很艰巨的任务。政府的监管机构应该考虑如何使各家能够公平竞争。

与此相关的是平台权利责任法。平台必须负一些责任，但平台也有其应有的权利。明确平台的权利和责任，最大程度地保护用户隐私。在此方面，各国都有不同程度的规定。GDPR、CCPA、CPRA，以及中国的《个人信息保护法》都有比较详尽的规定。当然，这些法律也有待于更加具体地改进。

另外，知识产权保护法也是需要认真落实并且不断改进的领域。版权、商标、专利等方面一定会在 Metaverse 中有所反映。事实上，自从互联网出现以来，知识产权领域一直是被盗版滥用的重灾区，有很多悬而未决的难题。在 Metaverse 中这些难题只会更加复杂。就连 Metaverse 这个大的概念的版权保护也是个问题。这个来自科幻小说，被投资者热炒，从而成为一种社会技术愿景的概念并没有得到应有的保护，其发明者并没有从中收获多少利益。

还有一个领域，就是税法。我认为应该对 Metaverse 的经营者、投资者和使用者课以重税，以补偿现实世界中真正做事的劳工。试想一下，在 Metaverse 里面，从事交易的人不见面就可以达成交易、完成项目。然而，项目达成协议后，如何才能够付诸行动，如何才能够把它实现？靠谁去实现？还是要靠那些在现实世界里真正做事的劳工。虽然交易可以在虚拟世界里完成，但具体的事务还要现实世界的人来做。比如，要把货物从某一个地方运输到另一个地方，需要人来做这件事情。那么应该如何对待这些人，他们的工资从哪来？他们的福利从哪来？所以，我想，应该对 Metaverse 的提供者和商家课以重税，用来补偿现实世界中真正做事的劳工。这当然只是一种想法，不一定是能够实现的。

最后一点我想说的是，要关心数字生态系统，应该有数字生态系统保护法，妥善处理数据垃圾，严格监管 Metaverse 的运作对环境生态造成的破坏。因为现在实际上数字垃圾或者数字污染已经变得非常严重了。《爱尔兰时报》的一位作者写道，我们今天实际上在面临一个数据大流行（pandemic）的灾难，而这个数据大流行里，90% 的数据都是毫无用处的。

6 不可替换的代币

当我们看到有人花了近百万美元在网络上的虚拟空间里买了一块地，可能会觉得不可思议。但是，比这更不可思议的是，在佳士得拍卖会上，一个不可替换代币（NFT）卖出了令人瞠目结舌的6930多万美元。这个代币所代表的便是目前人们热议的数字艺术家毕朋（Beeple）的作品《日复一日：最初的5000天（2021）》。

不仅如此，不可替换代币市场正在被大张旗鼓地构建。篮球视频集锦的不可替换代币在美国职业篮球联赛“射篮”（NBA Top Shot，一款区块链收集游戏，参与者可购买、销售、交易并收集数字化的赛季标志性动作，用于链上游戏或锦标赛）平台上的销售额高达数亿美元。推特的创始人杰克·多尔西，以超过290万美元的价格出售了他在2006年3月21日首次发布的推文。以上这些交易，究竟是一种时尚、泡沫，还是一种新的买卖方式？

不可替换代币可能会以这样或那样的形式继续存在。因为，即便是市场趋于成熟，人们对一些非常规的数字艺术作品的兴趣减弱，不可替换代币仍将继续为影视、音乐和网络游戏行业的艺术家和实体提供重要的潜在收入来源。那么，究竟什么是不可替换代币？

代币的产生是为了安全、方便，而不是为了投机。要了解不可替换代币，应该首先了解什么是可替换代币。可替换代币（FT）的性质是代币间可以等量交换，每个代币都与其他代币相同，能够相互替代。

例如，如果有人借了1个以太币（ETH），可以归还另一个相同价值的以太币，也可以分两次归还，每次支付0.5个以太币。这意味着，可替换的代币是可分割的。

在美国，实用代币、安全代币和支付代币都是可替换代币。不属于纯粹的实用代币或加密货币的代币被视为安全代币，其中大多数是可替换代币。它们可以与同级别的其他代币交换。例如，1比特币可以与另一个1比特币进行交换。比特币被认为是“可替换的”，所以它可以用于支付。

而不可替换的代币是具有独特身份的数字文件，其在区块链上可以得到验证。不可替换的代币是唯一的、不可分割的，不能用相同数量的同类物品来交换。这就如同蒙娜丽莎的画像，如果有人借了，必须归还完全相同的画像，而不可以用其他高水平的画像代替。不可替换代币可以代表一个独一无二的“原件”，比如一件独特的艺术品，也可以是有限系列中固定数量的副本之一。

事实上，不可替换代币是一种加密货币资产，其中每个项目或代币都是独一无二的。它不容易与其他价值或物品交换，也是任何指定数字资产的数字所有权证书。它就像一个智能合约，由吉哈（GitHub）等平台上发现的部分开源代码组合而成，并被永久地发布到区块链上的一个代币中。

目前，美国监管部门还没有来得及表态，针对不可替换代币的具体法律和政策也尚未出台。因此，不可替换代币的法律性质仍然不明确。毫无疑问，独特性和稀缺性是其最大特点，可能需要特定的规定。不可替换代币可以转让，但不能转让给有组织的市场。如果代币持有人有权利分享利润，那么，他们所拥有的就是一种证券代币，应该受制于金融法规。

就知识产权而论，对不可替换代币的所有权并不转化为对原创作品的所有权。换句话说，购买不可替换代币并不意味着购买了某一内容的基本知识产权。一般而言，版权法规定了“一揽子权利”，这些权利是作品版权所有者的专属权利。这些权利包括复制、制作衍生品、分发副本、公开表演和公开展示的权利。购买一件艺术品并不意味着该艺术品的版权转移给买方。从版权的角度看，不可替换代币只是一张数字收据，表明持有人拥有作品的一个版本。就现有的法律框架而言，那幅6930多万美元作品的买家，只购得了该幅作品的有限所有权。他可以将该画展出，但却不能复制、分发，或制作衍生作品，并从中获利。

除此之外，不可替换代币的交易中还有可能引起其他相关的法律和政策问题，诸如税收标准、欺诈行为，甚至气候变化。区块链、比特币、不可替换代币的运作和制作需要消耗巨量的能源，这对环境的破坏已经是有目共睹的事。据信，以太坊运作所需的耗电量竟然大于阿根廷全国的耗电量。

理论上，不可替换代币可以代表几乎任何实物或无形财产，包括艺术品、音乐、视频、收藏品、交易卡、视频游戏虚拟物品，甚至是房地产。不可替换代币是数字版的真实性证书，体现在区块链上。

目前，不可替换代币产生重大影响的一个领域是艺术世界，其为数字艺术提供了一种真实保证。作为一个独特的标记，它可以用来标记特定的艺术作品。例如，一个不可替换代币可以用在梵高的某个特定的画上。如果有人借走了梵高的画，没有其他的画可以替代，借画者必须归还同一幅画。

另外，由于对原创性的关注，艺术的真实性是至关重要的。人们相信，不真实的艺术品是有缺陷的。不可替换代币提供了保证艺术品真实性的机制。这样，数字艺术家就可以分享自己新的艺术作品，而不必担忧被人抄袭。正是不可替换代币这种独特的象征物的性质，为数字艺术提供了真实的保障。在抄袭、伪造、混杂的东西在网上泛滥的今天，这一点很有价值。

毕朋的数字作品《日复一日：最初的 5000 天（2021）》是由 5000 张小图拼凑而成的一幅数字图片。该作品中，每张小图代表一天，记载了 2007 年至 2020 年这 13 年内作者眼中值得记载的事件。它的买主是梅塔科万（假名），后者的身份是新加坡的一家加密货币专属基金“元钱包”的创始人和投资者。

“元钱包”将自己描述为一家加密货币专属基金，专门在区块链基础设施、金融、艺术、独特的收藏品和虚拟财产中寻找项目。它也是一个不可替换代币的生产工作室和数字艺术形式的主要资助者，据说拥有世界上数量最多的已知不可替换代币藏品。

梅塔科万在一份声明中说，这幅画代表了 13 年来的日常工作，是这一代人最有价值的艺术作品，值 10 亿美元。然而，真实性并不代表艺术性，艺术也并不一定意味着需要长时期付出劳动。杰克·多尔西的那条推特虽然是真实的，但并不是艺术。获得不可替换代币能说明一件艺术品的真实性，但不能证明它的艺术性。

即使《日复一日：最初的 5000 天（2021）》在佳士得值 6930 多万美元，可这也不等于说这部作品的艺术价值很高。但是，佳士得作为拍卖行业的巨头所作出的决定还是具有很大影响，至少在拍卖行业内是如此。它显然为开展不可替换代币的交易起到了推波助澜的作用。美国艺术评论家本。戴维斯在一篇文章中断言，在构成该作品的5000张图片中，部分图片展示了种族歧视和对女性、同性恋群体的偏见。

有评论认为，佳士得等拍卖行进入加密艺术领域这一迹象表明，停滞不前的传统艺术市场和相关行业找到了制造财富（而且是高度可“洗钱”的财富）的新工具。从这个角度来看，这种类型的“艺术”的唯一相关特征是其作为金融投机工具的能力。如果我们都同意这就是艺术，那么画廊、博物馆和整个艺术史的机制就应该承认自己是营销工具。

可以说，这是一个新的投机性市场，有许多未知的风险——包括100%损失的风险。不可替换代币本身没有固有价值，它的价值在于别人愿意为它付出的代价。毕朋的部分作品曾经以100多美元的价格卖出。另据彭博社消息，近来不可替换代币市场价格已经暴跌。

7 互联网 3.0 真的是网络的凤凰涅槃吗？

元宇宙的风快要刮过去了。作为一种投资工具，它可能还会继续受到追捧。尽管扎克伯格的 Meta 在此方面出师不利，处于一种尴尬的境地，但其他大玩家还是在源源不断地攻城略地，而跃跃欲试的小玩家也不在少数。不过，比元宇宙更有深度和技术含量且值得玩味的是另一个现象，即互联网 3.0。这个更具争议的现象已经在纷争中存在了好几年。

互联网 3.0：梦想与愿景

传说中的美丽鸟凤凰会浴火重生，在原有的灰烬上涅槃。在那些着眼于未来而又勇于想象的人的眼中，世界正在迎来一个互联网凤凰涅槃的佳境、一个摆脱了各种束缚的自由的互联网的时代。它以去中心化为目标，以区块链作为核心技术，以终端用户作为单位，摆脱了大公司的约束，不需要中介平台的介入，个人既是消费者，也是创造者，更是拥有者。这便是神秘可爱的互联网 3.0。

依据这种理解，互联网经过了 1.0 和 2.0 的发展阶段，现在要进入 3.0 了。互联网 1.0 由个人电脑上的静态文件和识读数据组成。互联网 2.0 引入了用户生成的多媒体内容、互动网络应用和多点触控智能手机上的社交媒体。而互联网 3.0 则标志着 AR 和 VR 头盔、智能眼镜、可穿戴设备和传感器的崛起。

就理想而言，互联网 3.0 是基于公共区块链的互联网的未来。互联网 3.0 的吸引力在于它是去中心化的，这意味着消费者不是通过谷歌、苹果或脸书这些公司提供的服务来访问互联网，而是有自己拥有并管理的互联网部分。

也就是说，互联网 3.0 不需要所谓“许可”，没有机构能决定谁可以访问什么服务，也不需要“信任”。换句话说，两方或多方之间的虚拟交易不需要中介。这样就避免了这些机构和中介机构收集个人数据，故而互联网 3.0 在技术上能更好地保护用户的隐私。互联网 2.0 和互联网 3.0 的关键区别在于，互联网 3.0 更注重使用机器学习和人工智能等创新技术，为每个用户创造更加个性化的内容。

互联网 2.0 的问题

我们中的大多数人只见过当前版本的网络，通常被称为“互联网 2.0”，也被称为“交互式读写和社交网络”。你不一定非得是个开发者才能参与到互联网 2.0 领域的创造过程中。许多应用程序的设计方式使任何人都可能成为创造者。你可以创造思想并与世界其他地方的人分享。你也可以发布一个视频，让数百万人观看，与之互动，并在互联网 2.0 中发表评论。YouTube、脸书、Flickr、Instagram、推特和其他社交媒体都是互联网 2.0 应用的例子。

互联网 2.0 被一些棘手的问题所困扰。由于对用户数据的利用和集中化是互联网运作的基础，数据泄露在互联网 2.0 应用中经常发生。甚至有网站专门跟踪数据泄露，并在个人信息被入侵时通知个人，但个人无法控制自己的数据或它在互联网 2.0 中的存储方式。事实上，企业经常在未经用户许可的情况下跟踪和保存用户数据。而负责这些平台的公司拥有并管理所有这些数据。此外，政府也可以很容易地干预、控制或关闭使用集中式服务器的应用程序。

互联网 3.0 的卖点之一就是去中心化。互联网 3.0 的开发者很少创建和部署在单一服务器上运行的应用程序，或将数据存储在单一数据库中（通常由单一云供应商托管和管理）。互联网 3.0 应用程序是建立在区块链、由众多点对点的节点（服务器）组成的去中心化网络，或两者的混合体上。这些程序被称为去中心化的应用程序（DApps），网络参与者（开发者）因提供最高质量的服务而得到奖励，以建立一个稳定和安全的去中心化网络。

一厢情愿的乌托邦？

然而，并不是所有人对互联网 3.0 都持有乐观的态度。有人觉得互联网 3.0 的说法充斥着各种理想主义和乌托邦式的愿景，缘起于对网络现状的不满和对大科技公司侵犯个人隐私、收集个人信息和数据的行为无能为力，寄望于如何重建互联网，以反映我们对一个更加人性化和平等的社会的渴望。然而，这仅仅是一种念想而已，尽管是具有积极意义的念想。这种念想的实现与否取决于很多因素，技术上的可能性乃是最重要的环节。目前，它只是一种基于想象的叙事，在科技记者和技术乌托邦主义者中间享受着顶礼膜拜。

即便先不考虑技术方面的问题，仅就常识而论，互联网 3.0 也不一定会是未来网络的理想状态。互联网 3.0 的主要诉求是去中心化。姑且不论去中心化是否可行，去中心化之后会是一种什么样的状况呢？没有中心之后，终端客户各自为政，这样就会产生一个很可能是无政府主义的状态。可以想象，这样的一种网络并不能是一种理想的状态，因为很有可能在同时具有自由的状态下，也会存在着很多很多的风险。

有一句话说得好："太阳照着富丽堂皇的宫殿的同时，也会照着阴暗的沟渠。"一个去中心化以后的网络，很可能会成为无数不良人士从事破坏的地方。举例而言，可以想象一个十几岁的小孩子，或者说一个曾经有很多犯罪记录的人，在纽约的某一个地下室里昏暗的灯光下发起一个震惊全世界的庞氏骗局。而且像黑客的网络攻击这样的事会层出不穷。也就是说，互联网 3.0 一旦实现了去中心化的这种状态，事情可能会更糟糕。我们现有的网络安全、隐私保护等措施很可能会完全失效。

更重要的是，互联网 2.0 虽然存在着很多问题，但是互联网 3.0 并不能有效地解决这些问题。至少从目前这些热心的提倡者的情况来看，他们并没有提出方案，以有效解决互联网 2.0 带来的问题，诸如对于隐私的侵害，对于个人数据的收集，非法集资、洗钱、诈骗等网络犯罪，以及网络安全等问题。

此外，网络秩序如何来维持；出了问题，有了紧急状况，由谁来组织应对等等，这些问题都是互联网 3.0 的世界无法解决的。可以想见的是，在互联网 3.0 的状态下，个人和个人之间的交流可能会非常顺畅，也可能有相对的稳定性和隐私性，但是个人如何和社区、集体进行交流？交流的时候应该有什么样的一种管理方式……这些都是在一个无秩序的状态下很难进行的。谁都不会相信在互联网 3.0 里，所有的消费者都会是天使。因此，互联网 3.0 中的交流也必须要有秩序。有秩序就意味着有人管理，无拘无束的交流是不可能的。应该争取的是可能实现的更多的个人自由，而不是不可能实现的憧憬。

故此，有人认为互联网 3.0 的核心是一个空洞的营销活动，试图将公众对加密资产的负面联想重塑为对传统科技公司霸权破坏的虚假叙述。这其实旨在分散人们的注意力，目的是销售更多的硬币，并继续逃避证券监管的财源。互联网 3.0 不是为了解决真正的消费者问题，而是如何事后合理化自己的存在。

加密货币领域有几万亿美元的资金，但令人瞩目的是，这一切都让人感觉很短暂。这个领域是一个多面性的行业，甚至在了解基础知识方面都有很高的门槛。有很多视频和推文用庞氏骗局、洗钱、欺诈和诈骗等短语形容代币和加密货币。但同时，许多消费者也通过代币和加密货币发现，传统的金融机构和经济价值的概念并不是他们曾经想象的完全理性的制度。

技术上的可行性?

从技术的层面看，虽然互联网 3.0 的愿景里有很多关于技术发展的期望，诸如语义网、三维图像、人工智能等，但说到底，最核心的还是区块链技术。区块链是由存储信息的区块组成的，每个区块都有一个独特的“哈希”，将其与其他区块区分开来。然后，这些区块按时间顺序由一条链连接起来。存储在这些区块中的信息是永久性的，这使得它成为一种安全的方式来完成在线交易。这就是为什么加密货币，如比特币，是建立在区块链技术上的。区块链给了加密货币工作所需的平台和安全。这些区块，记录存储在在线服务器上，可以公开访问，但只能由当事人或与区块共享的其他人访问。

区块链是互联网 3.0 的基础，没有区块链提供的系统，互联网 3.0 就不可能实现。毫无疑问，互联网 3.0 对于投资者来说是一个极具吸引力的概念。这个领域可以和不可替换的代币（非同质通证）以及元宇宙这样的一些概念结合起来，人们就会更加摸不着头脑。但是人的生活是非常丰富的，表现在网络上的活动也是多姿多彩的。难道这些活动都必须要经过区块链来展示、来证成？这显然是不可能的。也就是说，支撑互联网 3.0 的技术并不是一个完全能够用于未来互联网的技术。当然，在技术日新月异的今天，很可能会出现一些其他的技术，能够为互联网 3.0 提供方便，但是从现有的情况来看，仅在技术的层面上。互联网 3.0 的愿景，其实是很难实现的。

未来在于对当下问题的解决

根据联合国的数据，世界上近 37% 的人口从未使用过互联网。这意味着约 29 亿人尚未体验到 63% 的人中的大多数人现在认为理所当然的技术。但许多人认为互联网已经准备好了它的第三幕，即互联网 3.0。

科技行业的未来将是拥抱一个在平台上具有更复杂经济性的互联网，它对消费者来说有好处也有坏处。未来基于对当下问题的有效解决。如果最终能够开放网络，让更多的人能够受惠，让用户在大平台的运作中拥有更多的权利，那就是最理想的状态了。但是，在互联网上，个体的体验取决于用户在现实世界中的经济地位。当像 Meta 这样的大公司开始如此认真地谈论元宇宙的想法时，个体用户不可能不感到担忧。

第七编

平台责任与消费者权益保护

1　平台责任与消费者权益保护

最近亚马逊想在纽约市建立第二总部，但未能如愿。其中的原因很耐人寻味。原来，纽约的中产阶级和一些老百姓对亚马逊怀有一种恐惧感，害怕亚马逊进入纽约之后，一家独大，会损害纽约多元的经济、政治、文化特色。于是，他们便组织抗议，阻止这件事发生，使得亚马逊最终不得不放弃它的计划。

在进入数据主义背景下的算法社会后，数据垄断的趋势越来越明显。在数据的收集和使用方面都存在少数企业平台垄断的趋势。网民能使用的网络平台为数有限，且比较集中。互联网平台用户的集中就意味着数据的集中，数据的集中就意味着数据市场的垄断，数据交易者就不可能以平等主体的身份进入市场。而数据垄断者则可以轻而易举地将所收集到的数据随意交换，以满足他们使用数据的目的，从而获取高额利益。

网络平台通过各种技术和人为的手段，为消费者量身定做消费指标，培养他们的消费习惯。这种设计也延伸到阅读、审美、认知及各个文化领域。它们为消费者营造了一个非常方便的生活世界，以算法排名的手法，告诉消费者什么是最好的，什么是最时髦的，什么是大众最喜爱的，等等。我们经常会看到网上流传着形形色色的排行榜。这些排行榜好像是具有公认的性质，但它们的真实特性只不过是经过营销者刻意组织的广告而已，反映的只是个别人或者若干人的看法，并不能反映所涉及的产品的质量，也代表不了大多数消费者的心声。通过诸如此类的做法，网络平台将消费者带入为他们提前设计好的轨道。消费者可能会觉得，这没什么关系，只要方便，符合我的喜好就行，不必再计较这些大公司会把我们带向何处。

这种在消费上的刻意引领等于在文化上限定人的认知范围。而对于人的认知范围的限定则会导致人的心智的减损和衰败。正如福尔（Franklin Foer）在《没有心智的世界》(*World Without Mind*: *The Existential Threat of Big Tech*）一书中所指出的，科技领域最大的参与者——少数人，通过他们的决定，管理着数十亿科技消费者的生活。这些决定正在剥夺我们的人性、价值观以及我们应对复杂性的能力。事实证明，硅谷的巨头并没有把我们带入和平与自由的乌托邦。相反，他们通过垄断分配方式，已经系统地将书面文字货币化，从而贬低了文化的作用。塔普林（Johnathan Taplin）在《迅速破局》(*Move Fast and Break Things*）一书中说得更为清楚。他指出，脸书、谷歌和亚马逊这三大巨头违背了互联网发明者的初衷，走上了垄断的道路，促成了监控营销的单一文化。塔普林指出，越来越多的美国人只能从几个公司获取新闻、音乐和其他形式的娱乐活动，这对民主构成了真正的威胁。随着资金重新分配给垄断平台，权力发生了转变。脸书、谷歌和亚马逊现在享有与大石油公司和大型制药公司相当的政治权力。

平台责任的概念

平台责任和消费者权益保护是一个问题的两个面向。平台问责就是对消费者利益的最大保护。毫无疑问，平台应该承担起保护消费者权益的责任。然而，这并不能取代具有公权力的部门的监管。

如何监管、监管到什么程度、以什么样的方法监管，仍然是需要仔细探讨的问题。

计算机平台——也称为数字平台或计算平台——通常仅指操作系统和计算机硬件。计算平台的一个例子是运行 Windows 或 Mac OS X 作为操作系统的现代笔记本电脑。平台含有一套标准，使软件开发人员能够为平台开发软件应用，这些同样的标准使业主和管理人员能够购买适当的应用程序和硬件。平台既可以看作是对软件开发过程的约束，因为不同的平台提供不同的功能和限制；也可以看作是开发过程的助手，因为它们提供现成的初级功能。

不过，人们通常议论平台的时候达不到这种专业技术的水平。更多情况下，平台指的是像亚马逊、脸书这样的在线平台，包括任何面向公众的网站、网络应用或数字应用（包括移动应用）；还包括社交网络、广告网络、移动操作系统、搜索引擎、电子邮件服务或互联网接入服务。

平台具有一些明显的特点。首先，是数据化，即获得、收集、利用并传播用户及用户活动信息。其次，是商品化，即将获得的信息变为商品，并且在多种市场上贩卖。再次，是选择性，即平台会根据自己的需要筛选并推荐议题、景点及信息。而这一切都有赖于日益发展变化中的平台技术。

在线平台在我们的生活中发挥着越来越重要的作用。我们向它们寻求信息和娱乐，并指望它们来创造并维持我们之间的关系。反过来，平台也努力在用户中创造依赖性，以最大限度地增加我们在它们身上花费的时间。平台改变了我们获取新闻的方式，使新的媒体机构能够茁壮成长，同时挑战其他媒体的垄断地位。随着传统广播和印刷媒体的衰落，以及智能手机在发达国家变得无处不在，新闻机构越来越多地转向平台，努力吸引读者。

至于各色各样的交易平台，它们更是一些人随时关注的对象。合法的交易平台受市场规律和现行交易法规的约束，在交易者之间形成一种买卖关系。平台责任大都蕴含在各种具体交易之中，由契约予以规定。本文所谈平台的责任不包括这个方面。

几十年前，当互联网首次出现时，它的潜力被誉为“几乎是无限的”。人们可以通过它在没有中介或外部控制的情况下，以点对点的方式交流思想和信息。在一个平等的社会中，在相关公司的管理下，不受限制地交流思想。这是由技术革命驱动的民主政治的成就。

随着脸书和推特在21世纪头十年的普及，转发热门内容成为普遍流行的实践。最初，其中大部分是生活方式的内容，但在2016年美国总统竞选、欧盟公投和2017年大选期间，大量的党派政治信息被分享。其中一些为错误信息，一些是虚假信息，而大部分内容来自以前很难在公众中获得关注的来源。

英国脱欧、特朗普当选和其他政治竞赛在多大程度上受到了通过平台分享的虚假信息的影响，目前仍没有明确的结论。显而易见的是，平台已经成为传播党派政治信息的手段，而很少像其创建者希望的那样，使它们成为积极向上的关于政治问题的论坛。网络用于向不同用户展示内容的算法缺乏透明度，而用户所看到的则是一个新闻的“过滤泡”，为他们提供更多他们愿意听到或看到的内容。

与此同时，网络上也出现了仇恨言论、儿童性虐待、贩卖人口、大规模侵犯知识产权的盗版活动，以及煽动恐怖主义和对青少年有害的内容。人们开始期望平台删除这些邪恶或不善的内容。然而，要求这些平台在清除错误信息和仇恨言论方面发挥更积极的作用的呼声，使人们担心它们可能成为构成不可接受的内容的最终仲裁者。这就违背了美国人奉为经典的宪法第一修正案所提倡的言论自由的精神。学者们早就指出了将过多的权力交给网络的危险性，但同时又期望它们在面对政府压力时捍卫言论自由。

错误信息和非法或极端主义内容并不是唯一的担忧：反垄断是另一个问题。2017 年，谷歌因在搜索结果中优先考虑自己的购物服务而被欧盟罚款 24 亿欧元。社交媒体网站的成瘾性也受到了审查，这些网站利用人类的基本需求吸引用户的注意力，而且是多多益善。

同时，谁拥有网络和平台上的信息，以及延伸到谁能从中获利的问题，从根本上说仍未得到解决。对于销售产品或将用户信息卖给广告商的平台来说，用户的最大价值在于他们在访问网站、分享和互动时留下的数据痕迹。人工智能的日益成熟和即将脱离基于文本的搜索带来了额外的挑战。例如，语音控制的设备使得提供“平衡”的搜索结果更加困难，并引发了进一步的反垄断问题。

“互联网已经成为一种精心策划的体验，它的内容由少数公司明确而毫无顾忌地管理。这些公司利用它来了解你，并在这个过程中使他们的对手丧失能力——无论是报纸、表演艺术家、零售机构，还是其他什么人。而授予他们许可——最重要的是《通信规范法》第 230 条，该条款赋予脸书和谷歌监控其网络上发生的事情的最低义务——已经变成了一个深刻的社会噩梦。因为这些公司使民主被扭曲，仇恨性宣传得以延续，知识产权被窃取，种族主义和反犹太主义甚嚣尘上，以及个人隐私被侵犯。如果不结束的话，所有这些都有利于少数垄断性巨头的盈利。”

于是乎，平台责任的问题就这样一步步进入了人们的视线，而成为当前的数字经济和数字文化中的一个重要难题。目前，人们似乎达成了一致，在线网络巨头必须承担责任，清理其网络上的仇恨言论、选举操纵、音乐和视频的盗版以及散布的宣传品。

2　美国新一波反垄断

最近，人们都在议论太空旅行的事情。花 20 多万美元就可以到太空逛逛，对不少人来说是负担得起的。英国亿万富翁理查德·布兰森已经在 7 月初成行。刚刚离开亚马逊总裁位置的贝索斯也正在计划与他的兄弟马克一起，在 7 月 20 日乘坐“新牧羊人”亚轨道火箭系统进入太空。

随着旅行的临近，网上出现了多份请愿书，疾呼“不允许杰夫·贝索斯返回地球”。请愿书在 2021 年 6 月 20 日有 3.3 万人签名，到 7 月 5 日已经有 15 万人签名。这显然是一种恶作剧，但也在一定程度上表明了人们的好恶。

这种好恶并不仅仅针对亚马逊或贝索斯。的确，贝索斯在一些问题上广受批评。不过，亚马逊和贝索斯并不孤独，在目前美国火热的反垄断浪潮中，其他超级平台也正面临着各种指责和诟病。扎克伯格得到的批评也是人尽皆知的，并不比贝索斯少。种种迹象表明，美国针对超级平台的反垄断正在形成朝野共识，新一波反垄断气候的形成受到了各种很明显因素的影响。

首先是接连不断的诉讼。2020 年 10 月，美国司法部和 11 个州起诉了谷歌，称其与搜索和搜索广告有关的行为违反了《谢尔曼法》第 2 条。美司法部称，通过要求谷歌成为设备上的默认搜索引擎的排他性协议，谷歌实现了其在在线搜索领域的领先地位——占美国所有查询的近 90%，然后利用以此带来的收入加强其垄断。

2020年12月，联邦贸易委员会和48个州起诉了脸书，指责它滥用其在个人社交网络领域的垄断地位，吞噬了较小的竞争对手。联邦贸易委员会称，脸书针对其主导地位的潜在竞争威胁，在2012年收购了图片分享应用Instagram，2014年收购了即时通信类应用WhatsApp。而这两项交易当时都得到了联邦贸易委员会的批准。

投诉还称，脸书对第三方开发者访问其应用程序编程接口施加了反竞争条件。联邦贸易委员会寻求补救措施，其中包括强制剥离Instagram和WhatsApp。

48个州的起诉在2021年6月被美国哥伦比亚特区联邦法院的博斯伯格法官驳回。联邦贸易委员会针对脸书案件虽然没有被驳回，但法官要求联邦贸易委员会在30天内修改其诉状。

同时，联邦贸易委员会还根据《联邦贸易委员会法》第6（b）条向九家社交媒体公司发出命令，命令它们提供关于如何收集和使用个人信息及其广告做法的数据，包括这些做法如何影响儿童和青少年。

以技术为重点的执法并不限于超级平台。2019年4月，联邦贸易委员会对电子处方市场的翘楚Surescripts发起了一起重大反垄断调查。联邦贸易委员会指称，该公司利用反竞争协议来维持其在向药店转送处方和确定处方保险资格市场上的垄断地位，并最终剥夺了患者的竞争利益。2019年11月，美国司法部起诉阻止支付平台Visa以53亿美元收购创新金融技术公司Plaid Inc.的交易。

在科技领域之外，各州监管机构继续在反垄断方面发挥积极作用。值得注意的是，14个州对跨国移动电话运营商T-Mobile和美国无线运营商Sprint的合并提出了质疑，尽管该合并已经得到美国司法部和联邦通信委员会的批准。

最近，三十个州和哥伦比亚特区又对谷歌公司提起反垄断诉讼，指控该公司通过其 Google Play 应用商店进行非法垄断。因为它在安卓手机的应用分发中占有 90% 的份额，而且几乎没有竞争。由于拜登政府对平台垄断予以高度重视，这一波诉讼潮很可能还没达到高潮。

其次是美国政府在反垄断政策上态度的转变。自 20 世纪 80 年代以来，美国监管机构和法院不再担心大公司对竞争对手或供应商的影响，而是开始几乎完全关注所谓的“消费者福利”。如果合并一个公司的做法可以被证明会导致更高的价格，那么监管机构才会介入；如果没有，反垄断监管机构一般采取不干涉的态度。这就是为什么脸书对 Instagram 和 WhatsApp 的收购，亚马逊对 Zappos 的收购，以及谷歌对 DoubleClick、YouTube 的收购都顺利通过了监管部门的审批程序。

不过，现在不一样了。在过去的四五年里，学者、政治家和公众倡导者已经开始推动反垄断政策的新理念，认为需要从对消费者福利的狭隘关注，即主要对价格的关注，转向考虑公司行使市场权力可能带来的更广泛的危害——对供应商、工人、竞争对手、客户选择，甚至整个政治体系的损害。

去年夏天，美国众议院司法委员会结束了对这些科技巨头涉嫌反竞争活动的 19 个月的调查。这份长达 450 页的报告将这些公司描述为“我们在石油大亨和铁路大亨时代最后看到的那种垄断”，并建议政府对它们采取行动。

美国总统拜登已经任命了一些大科技公司最尖锐和最强烈的批评者，包括《巨大的诅咒》一书的作者、哥伦比亚大学教授吴修铭，以及在司法委员会调查期间担任特别顾问，后来被任命为联邦贸易委员会主席的莉娜·汗，在其政府中担任重要职务。而反垄断行动，至少在科技行业方面，已经成为国会中两党的共识。

再次，是对反垄断法律框架的革新。美国国会于1890年通过了第一部反托拉斯法，即《谢尔曼法》，作为“经济自由的全面宪章，旨在维护作为贸易规则的自由和不受约束的竞争”。1914年，国会又通过了两部反托拉斯法：设立联邦贸易委员会的《联邦贸易委员会法》和《克莱顿法》。经过一些修订，这三部核心的联邦反托拉斯法今天仍然有效。

这三部法律以广泛而定义不清的语言写就，针对的是从事所谓“贸易限制”的垄断者。它们在很大程度上是为了遏制那些通过一系列兼并和收购而主宰美国工业经济的巨型托拉斯公司的愿望。

然而，很多人认为，美国传统的反托拉斯法已经很难适应科技经济、数字经济飞速发展的现实，亟须革新。参议院司法委员会反垄断小组组长艾米·克洛布查在《反托拉斯》一书中指出，从更广泛的系统性分析来看，反垄断行动的缺乏也可归因于国会的瘫痪：立法者未能适应新的经济环境——包括大型科技公司不断上升的垄断力量，也未能积极主动地修改竞争法，部分原因在于那些应该被重振的竞争政策所约束的利益集团的政治影响力。立法者们也没有就隐私保护和药品定价等采取行动。

在过去四五年间，美国国会显然增大了反垄断立法的力度。在本届国会（第117届美国国会）的立法议程上，有43个提案与公平竞争、反垄断有关。2021年6月23日参议院司法委员会针对科技公司维持市场主导地位的不同方式，通过了六项措施。

其中一项法案将授权美国司法部或联邦贸易委员会通过迫使科

技公司出售其可能产生利益冲突的业务部分来拆解科技公司。另一项法案将禁止科技公司让自己的服务优先于竞争对手，比如谷歌在搜索结果中让自己的产品优先于竞争对手。还有一项法案将阻止超级平台公司收购新生的竞争对手。

此外，这种新的反垄断气候的形成也有赖于知识界的参与。早在 2015 年，一群自称“作家联盟”的作家就发起过反对亚马逊公司商业行为的运动，但大多未获成功。他们要求美国司法部调查亚马逊如何行使其“对图书市场的权力”。有 575 位作家在申诉书上签了名，其中不乏著名作家。

2017 年，纽约大学知名教授加洛韦出版《四巨头：亚马逊、苹果、脸书和谷歌的隐秘基因》一书，指出这四家公司是如何完全渗入我们的生活的，以至于我们几乎无法避免。他解构了潜伏在“四巨头”闪亮外衣下的战略，展示了它们如何以其他人无法比拟的速度和范围，操纵人们的基本情感需求。

2019 年，《纽约时报》著名记者艾米・韦伯在《九巨头：科技巨头和它们的思维机器如何扭曲人性》中指出，我们这些用数据为人工智能提供动力的普通人实际上并没有控制什么。例如，当我们与亚马逊旗下的智能音箱 Alexa 交谈时，将数据贡献给了一个看不到的系统，而这个系统基本上不受监管或监督。

韦伯认为，亚马逊、谷歌、脸书等九大公司是人工智能的“新神”，它们正在为获得眼前的经济利益，缩短我们的未来。九大公司可能无意中建造并启用了大量的智能系统，这些系统与我们的动机、欲望或对人类未来的希望不尽相同。同时，作者呼吁寻找将我们从算法决策者和强大的公司中解放出来的道路。

美国联邦和州政府针对脸书的大规模诉讼引起了一些值得深

究的问题。比如，这些诉讼真的会见效吗？拆分了 Instagram 和 WhatsApp 以后，脸书的垄断地位还会继续吗？归根结底，最重要的问题是如何对待超级平台。目前，各国政府使用的办法，诸如巨额罚款、反垄断、拆分等，其实既幼稚又作用有限，因为其没有认真对待平台的自然垄断性质。

四巨头无疑是美国政府的重点关注对象。然而，就在反垄断的呼声日益高涨之际，它们的股票比以往任何时候都更有价值，这表明投资者并没有认为政府的反垄断措施会成功。或者说，他们愿意赌一把。

尤其值得重视的是，除了脸书之外，这几家公司都是美国最受欢迎的公司。有调查发现，亚马逊是美国最值得信赖的公司，谷歌和苹果在“最受尊敬”的排名中也相差不远。脸书虽然是个例外，但也不能否认它很有用——尽管人们不喜欢它。

人们从这些公司获得的利益很容易显示出来，而它们对用户造成的伤害却很难界定，甚至不可能界定。更何况，如果拆散了这些公司，谁来承担责任？比如，如果拆散了谷歌，后来者能否创造出更好的搜索引擎和地图？谁能保证？大概没有一个人愿意让后人看作是某一成功事业的破坏者。

即便是美国联邦贸易委员会如愿以偿，成功地拆分了脸书，脸书的垄断地位并不会受到任何威胁。因为它所提供的服务是自己创造的，独一无二的。脸书的问题就是脸书本身，而不是其他。脸书现有 30 亿受众，涉及 100 多种语言。这样的规模已经远远超出了反垄断法的管辖范围。要想脸书更好地服务于民众，恐怕得另想办法。

3　松散的基本法律框架

美国虽然在公司问责和消费者保护方面已经有了相对成熟的立法和政策，但现有的立法和政策远远不足以达到既鼓励平台的创新服务，又有效保护消费者权益的目的。由于管理该行业法规的阙如，谷歌和脸书等互联网公司的财富和权力已经增长到一个令人难以置信的程度。这些公司毫无顾忌地玩弄私人数据，对贩卖人口、数字盗窃、仇恨言论等犯罪行为却视而不见，甚至成为威胁民主制度和实践的错误信息滋生的孵化器。

经过多年的努力，超级平台公司已经进入人类日常生活的方方面面，但却几乎没有任何责任。近年来，要求超级平台承担责任的呼声越来越高。然而，现有的法律框架和实践并不足以应对平台问责的需要。改进乃势在必行。

大体而言，美国的平台责任和消费者权益保护框架有几个重要板块。首先是美国宪法第一修正案提供的基础框架，其次是《通信规范法》的具体要求，再次是各州的消费者保护法，诸如加州的《消费者隐私保护法》(以下简称 CCPA)。这个基本框架本身处在一种两难境地，使平台问责和消费者利益保护举步维艰。

以算法为例，吊诡的是，现有的法律和司法先例使得用公共政策来规范算法变得困难。例如，目前对美国宪法第一修正案的解释通常将算法作为一种言论形式加以保护。《通信规范法》第 230 条免除了社交媒体公司对其用户在其平台上发布的内容的责任。其理论依据是，为用户发布的内容承担责任的威胁会使平台充当言论警察，而不是开放自由表达的平台。但在实践中，这些平台利用这种保护来逃避对仇恨言论和操纵舆论、破坏选举的错误/虚假信息的所有责任，并利用第230条规定的责任保护作为挡箭牌，在透明度和正当程序上不作为。

然而，面对敦促在线平台承担责任的难题，美国现有的制度框架和管理机构几乎无能为力。美国从产业利益出发，对个人数据持积极利用的态度，数据保护的法律规定较为宽松，坚持以市场为主导、以行业自律为主要手段。美国至今仍没有全面的联邦数据隐私法，也没有具体针对网络平台的执法机构。执法主要由联邦贸易委员会（FTC）以及联邦通信委员会（FCC）负责。从法律上讲，迄今为止，美国对在线内容和内容控制的监管是有限的。这是由于塑造美国网上言论自由的两个主要法律框架：美国宪法第一修正案和1996年的《通信规范法》（CDA）第230条。该条款为科技平台确立了独特的法律责任豁免权。它广泛影响了现代互联网的创新，形成了全球影响。

（一）联邦层面的法律法规

1. 与平台责任和消费者权益相关的主要联邦法律

美国对消费者利益保护极为重视，是长期奋斗的目标。多年来已经制定了数量可观的法律法规，只是没有一部专门针对平台责任的法律。《联邦贸易委员会法》（*Federal Trade Commission Act*）是1914年制定的一部禁止不公平或欺骗行为的联邦消费者保护法。联邦贸易委员会依据此法判定公司是否在消费者数据隐私保护方面存在不公平或欺骗行为，并采取执法行动。其他几部主要法律自20世纪70年代以来陆续问世。1970年制定了《公平信用报告法》(*Fair Credit Reporting Act*)。1974年颁布了《隐私权法》(*Privacy Act*)，该法是保护公民隐私权和知情权的一项重要法律，针对联邦行政部门收集、利用和保护个人数据等方面作出规定。1998年制定了《儿童网上隐私保护法》(*Children's Online Privacy Protection Act*)，规定收集13岁以下儿童信息时，必须先征得其家长同意，并确保父母有权修改相关信息。1999年颁布的《金融服务现代化法》(*Gramm-Leach-Bliley Act*)规定了金融信息的收集、使用和披露规则，限制了非公开个人信息的披露，数据主体有选择不共享其信息的自由。此外，还制定了《健康保险便利和责任法案》(*Health Insurance Portability and Accountability Act*，1996)、《反垃圾邮件法》(*CAN-SPAM Act*，2003)、《电话消费者保护法》(*Telephone Consumer Protection Act*，1991)，以及《电子通信隐私法》(*Electronic Communications Privacy Act*，1986)等，这些法规在不同领域对消费者的利益予以保护。

2. 第一修正案与言论自由

美国宪法第一修正案规定了个人的言论自由权，并防止政府侵犯这一权利，例如禁止某些类型的言论。第一修正案是美国宪法中的核心部分，多年来大量的适用与研究使它成为一套充满矛盾的学说。与第一修正案相符，1996年《通信规范法》第230条规定了与美国用户生成的内容有关的中介责任保护，这意味着在线平台公司不被视为对其用户发布的内容负责。依据第一修正案的法律规定，互联网平台可以控制自己的内容政策和行为准则。

然而，当私营部门的平台承诺保护自由表达时，这意味着什么？它们在保护谁的言论利益？为了保护选举的完整性，平台是否应该有权力，甚至有责任限制国内的政治虚假信息？或者，是否应该期望平台遵守第一修正案对政府限制言论权力的限制，发挥它们作为“公共广场”的作用？

自2016年美国总统大选以来，人们一直在辩论，私营部门平台如何在不破坏自由表达的情况下打击政治虚假信息？一般而言，平台通过限制不真实的协调行为或人为放大来处理它，而不是以内容为基础。在某些情况下，国内的政治言论可能偏向于煽动仇恨或暴力。在其他情况下，它包括关于投票程序的虚假或误导性信息，旨在压制选民投票率或造成对选举结果的不信任。

3.《通信规范法》第230条

1996年的《通信规范法》第230条为互动计算机服务的提供者和使用者提供了有限的联邦豁免权。该法一般不允许供应商和用户对第三方提供的信息负责，即承担法律责任，但并不妨碍他们对自己开发的信息或与第三方内容无关的活动承担法律责任。根据第230条，网络主机、社交媒体网络、网站运营商和其他中介机构在很大程度上被保护起来，不必为用户生成的内容负责。公司能够对其平台上的内容进行节制而不被追究责任。

《通信规范法》第230条的两项规定是这种豁免权的主要框架。一方面，第230（c）(1）条规定，服务提供商和用户不得“被视为另一信息内容提供商所提供的任何信息的发布者或发言人”。另一方面，第230（c）(2）条规定，服务提供者和用户不得因自愿善意地限制对“淫秽、猥亵、肮脏、过度暴力、骚扰或其他不良”材料的访问而被追究责任。因此，第230（c）(2）条有更多的限制：它只适用于善意删除令人反感的材料。

第230条也包含法定的例外情况。这种联邦豁免权通常不适用于根据联邦刑法、知识产权法，以及任何与第230条“一致”的州法律、某些适用于电子通信的隐私法或某些与性交易有关的联邦和州法律提起的诉讼。

近年来，立法者和外界评论员对第 230 条的适用范围发表了很多不同看法。虽然该法律确实有一些支持者，但很多人认为，法院对第 230 条豁免权的解释过于宽泛。在第 116 届国会中，有 26 项法案对第 230 条豁免权的范围进行了修改。这些提案的范围包括直接废除，对豁免权设置某些条件，以及建立允许某些类型诉讼的更窄的例外。

有些提案试图修改第 230（c）（1）条的范围，限制“出版商”的豁免权，试图鼓励网站删除某些类型的不良内容。有些提案则试图通过缩小对某些类型的删除决定的豁免权来鼓励网站容纳更多的内容。然而，修订第 230 条的提案可能会引起两种不同类型的第一修正案问题。第一个问题是，任何特定提案是否侵犯了供应商或用户受宪法保护的言论。如果一个提案限制了供应商的编辑自由裁量权，或创造了基于内容或观点的区别，这种担忧可能会特别严重。第二个问题是，如果第 230 条被全部或部分废除，第一修正案是否仍然可以阻止私人当事方或政府要求供应商为所发布的内容承担责任。第一修正案可能会阻止一些以托管或限制他人言论的决定为前提的索赔，但其保护范围可能比第 230 条豁免权的现有范围窄。

第 230 条背后的历史背景很复杂，但它对美国的言论自由文化及其与网络内容的关系有启发意义。该法规是 20 世纪 90 年代初对色情和其他“淫秽”材料辩论的产物。随着 CompuServe 或 Prodigy 等早期互联网服务的出现，美国法院试图了解，在根据第一修正案裁定这些服务提供商的地位时，是将其视为“书店”（信息的中立分销商）还是“出版商”（该信息的编辑者）。一家法院裁定，CompuServe 公司可以免于承担责任，因为它类似于一家书店，而 Prodigy 公司由于执行自己的内容控制政策而没有获得同样的豁免权，因此，它成了一个出版商。换句话说，公司被激励不参与内容控制，以保持其豁免权。第 230 条试图改变这种激励机制的不匹配，保留这些平台和供应商在从事内容审核时的豁免权。

有观点认为，联邦一级的法律不应该被用来监管这个快速发展的行业，目前的状况已经充分说明了这一点。在一个专门的专家机构或类似机构成立之前，国会产生的任何东西都不可能对具有世界规模的脸书起到很大的抑制作用。而州立法机构因其小而灵活的特点，可能更适合监管各种在线平台。其他监管机构要么动作太慢，态度妥协，要么参与较深，无法对平台构成真正的监管。

（二）部分地方法律法规

CCPA 和《加州隐私权利法案》（CPRA）正在对隐私和数据安全领域产生深远影响。作为美国第一个全面的消费者隐私立法，CCPA 和 CPRA 是其他州的潜在模范，并正在改变公司的业务方式。CCPA 于 2018 年 6 月 28 日签署成为法律，在收集和销售个人信息方面建立了一系列的消费者隐私权和商业义务，并于 2020 年 1 月 1 日开始生效。CPRA 也被称为“24 号提案”，是加州选民在 2020 年 11 月 3 日批准的一项投票措施。它极大地修正和扩展了 CCPA，因此被称为“CCPA 2.0”。

CPRA 于 2020 年 12 月 16 日生效，但修订 CCPA 的大部分条款要到 2023 年 1 月 1 日才生效。CPRA 被描述为 CCPA 的修正案更为准确。CPRA 特别指出，它修正了《加州民法典》第 1.81.5 篇的现有条款（目前称为 CCPA），并增加了与建立加州隐私保护机构有关的新的条款。然而，目前还不清楚第 1.81.5 篇是否将继续被称为 CCPA，还是将被称为 CPRA。

CCPA 为消费者规定了六项具体权利。消费者有权了解（要求披露）企业收集的关于消费者的个人信息、从谁那里收集、为什么收集，以及出售给谁；有权删除从消费者那里收集的个人信息；选择不出售个人信息的权利（如果适用）；选择出售 16 岁以下消费者个人信息的权利（如果适用）；行使任何权利时获得非歧视性待遇的权利；以及对数据泄露提起私人诉讼的权利。CPRA 增补了两项额外的权利，即更正不准确的个人信息的权利和限制使用和披露敏感个人信息的权利。这样一来，CCPA 和 CPRA 所创设的权利基本上和 GDPR 中的信息主体权利相似。

4　责权落实不到位的监管机构

美国监管文化的基本特点是以市场为主导、以行业自治为中心，政府只进行适当介入。政府的监管机构事实上没有足够的权力有效施行监管，无论联邦层面还是州政府层面。在联邦层面，主要的平台监管机构是联邦贸易委员会和联邦通信委员会；在州的层面，主要是由州检察长负责起诉平台过错和违法行为。

（一）联邦监管机构

1. 联邦贸易委员会（FTC）

联邦贸易委员会成立于1914年。目前，在联邦层面上，联邦贸易委员会在监督个人数据隐私方面发挥主要作用。其下属的消费者保护局负责处理由消费者、国会和行业组织等提出的互联网隐私投诉，并开展调查。其执法形式主要有：向联邦贸易委员会行政法官提出行政投诉、向联邦地区法院提起诉讼、将投诉提交司法部并协助司法部提起诉讼，或者与违规公司签署和解协议并要求其进行整改。

联邦贸易委员会是一个被动的机构，虽然它有关于合法行为限制的准则，但它并没有规定，一旦违反就会导致法定罚款或指控。相反，投诉通过它的许多报告系统过滤，它通常在司法部的帮助下建立一个针对某公司的案件。这使得它的反应速度比飞速发展的科技行业要慢，而且当投诉被正式确定时，所涉及的公司或受害者可能已经度过了危机。

在平台责任的其他方面，联邦贸易委员会似乎并没有比较切实的做法，而只是空泛地提供了一些措辞谨慎的声明，诸如“我们非常重视安全问题”“我们认为我们有最好的方法”等等，并没有实质性的措施。而比较有力度的可能是其惩罚措施。比如对脸书的50亿美元罚款。但是，这种罚款的正当性在于该公司违反了有约束力的承诺，并不是因为违反了某种专门针对社交媒体的规定。重要的是，联邦贸易委员会至今仍然没有任何此类规定。

2. 联邦通信委员会（FCC）

联邦通信委员会监管所有50个州、哥伦比亚特区和美国领土上的广播、电视、有线电视、卫星和电缆的州际和国际通信。该委员会是受国会监督的独立的美国政府机构，是通信法律、监管和技术创新的主要国内机构。

联邦通信委员会于1934年依据《通信规范法》创立，主要职责是对电信行业（电信运营商）进行监管，在监督互联网隐私方面作用有限。联邦通信委员会主要关注的是通信，但由于创建它并授予它权力的法律的局限性，它对通信的内容几乎没有任何权力。

联邦通信委员会的任务是明确培育一个强大和公平的通信基础设施，主要是指固定和移动宽带，也可能包括越来越多的卫星服务。使用这些宽带的应用和企业，尽管可能会受到联邦通信委员会决定的影响，但一般来说不关该机构的事。

2020年，国家电信和信息管理局和司法部提出疑问，联邦通信委员会是否有执行第230条的监管权力。虽然联邦通信委员会通常有权执行《通信规范法》，但迄今为止，联邦通信委员会在解释或应用第230条方面尚未发挥作用，而且第230条也没有明确提及联邦通信委员会。因此，评论者们对国会是否有意赋予联邦通信委员会对第230条的监管权，以及该法规是否包含任何可通过联邦通信委员会监管来澄清的模糊语言，都存在争议。

这里存在的主要问题还是踏入违宪领域的巨大风险。因为一个政府机构告诉一个公司它必须保持或删除哪些内容，会全速进入第一修正案。虽然特朗普执政期间取消了关于网络中立性的规定，但在现实中，第一修正案和《通信规范法》第230条所规定的对言论自由的保护仍然具有强大的生命力。

3. 其他联邦机构

在联邦层面，还必须考虑总统以及行政部门旗下的机构和组织的影响力，例如司法部。虽然行政部门有可能间接地围绕一个行业制定政策，但它能直接做的事情非常少。司法部并不是一个监管机构，但它作为现有规则的执行者发挥着重要作用，经常与联邦贸易委员会合作。它可以是政府的工具，追究案件和公司的责任以支持政府的工作。针对谷歌的反垄断诉讼可看作一个例子，该诉讼是在选举前两周白宫广泛推动反技术的过程中提出的。虽然必须承认其影响力，但司法部不可能成为稳定的监管机构。此外，卫生与公众服务部民权办公室负责《健康保险便利和责任法案》的执行，有权展开调查和提出诉讼。联邦银行机构和国家保险机构也被授权执行各种隐私法，但实际执法行动并不活跃。

（二）州监管机构

依据各州数据隐私保护法律，各州监管部门有权采取措施，大多由州检察官负责调查起诉。CCPA可以说是在国家层面的其他尝试未能成功的背景下应运而生的。

加州的官员决定，如果联邦政府不出面，该州没有理由不照顾自己的利益。按照惯例，提供消费者保护的州法律通常优先于较弱的联邦法律，这是为了不让州在国会缓慢的机器运转时被禁止为其公民的安全采取措施。

CCPA 赋予加州总检察长以执法权。尽管 CPRA 授予加州隐私保护局“实施和执行”CCPA 的全部行政权力、权威和管辖权，但总检察长仍然保留执法权。加州法典 Code § 1798.199.90 规定，加州隐私保护局“不得限制总检察长执行本法的权力”。

加州隐私保护局是由 CPRA 设立的一个新机构，它被赋予了“实施和执行 CCPA 的全部行政权力、权威和管辖权”。CPRA 将规则制定权从加州总检察长转移到加州隐私保护局，自 2021 年 7 月 1 日起生效，最终的 CPRA 法规应在 2022 年 7 月 1 日前完成。由此产生的法律，为数据收集的披露创造了正式的要求、选择退出的方法，并且还授予了执行这些法律的权力。

伊利诺伊州议会于 2008 年 10 月 3 日通过了《生物识别信息隐私法》(BIPA)，它被编入 740 ILCS 14/ 和公共法案 095-994，防止非法收集和储存生物识别信息。当伊利诺伊州在 2008 年通过该法律时，它成为美国第一个规范生物识别信息收集的州。事实证明，它是脸书、微软、亚马逊、谷歌和其他公司的一个巨大障碍。该法律的颁布恰逢其时，因为这些公司已经想当然地认为自己有能力分析用户的生物指标，并开始将其用于几乎任何它们想要达到的目的。

此后，华盛顿和得克萨斯州也通过了类似的法律。然而，《生物识别信息隐私法》仍然是美国唯一允许私人对违法行为的损害提起诉讼的法律。该法规定每次违法行为赔偿 1000 美元，如果是故意或轻率的违法行为，每次赔偿 5000 美元。由于这一赔偿规定，《生物识别信息隐私法》已经产生了一些集体诉讼。许多诉讼指控在线平台违反了《生物识别信息隐私法》，而科技公司则极力反对该法律，竭力游说，以取代或削弱该法律。

这两部法律迫使平台公司从根本上做出选择，要么普遍满足一个新的、更高的隐私标准，要么建立一个分层系统，让一些用户比其他用户获得更多的隐私。显然，后者会带来不平等的后果。一旦人们知道伊利诺伊州和加利福尼亚州的用户得到了“特殊待遇”，他们就会开始追问为什么其他州的人不能得到同样的待遇。

可见，州法律虽然只在州内具有效力，但却会发挥巨大的影响力，迫使公司在全国乃至全球范围内做出改变。当然，问题的另一面是，如果任由每个州自己随意制定规则，那就会产生由地方当局制定的、可能相互冲突或体现不同优先事项的州法律。比较理想的是，把州法律当作新政策的试验田，只有在联邦层面的行动过于缓慢时才使用。

（三）行业自律

如前所述，美国的政治及商业文化主张行业自律，辅之以政府监管。行业组织可以使用自愿协议对行业行为进行自我规范，而政府则发挥监督和指导的作用。然而，行业自律往往并不是行之有效的办法。

平台的行业自律可以以脸书监督委员会（Facebook Oversight Board）为例，该委员会是平台治理的独立机构，旨在协助脸书回应网络表达自由中最棘手的问题。该监督委员会，作为脸书现有内容审查程序的延伸，被赋予运用其独立裁决能力维护用户自由表达意见权利的功能，并负责审查脸书作出的有关内容删除或保留决定的代表性案例。其所作出的维持或推翻脸书内容处置的裁决将具有约束力，在不违反法律的情况下，脸书必须执行该裁决要求的事项。

该委员会在2021年1月28日发布了第一批五个案件的裁决，

推翻了脸书对新冠病毒虚假信息、巴西乳腺癌、阿塞拜疆武装冲突、“新纳粹”意识形态等内容删除的决定。监督委员会的首次裁决被认为是平台治理方面的“马伯里诉麦迪逊案”，具有里程碑意义。

然而，监督委员会是一个裁决者，是“脸书的最高法院”。它由脸书创建，它的决定约束着它的创建者，对作为立法者的脸书规则及其适用进行“违宪审查”，但监督委员会并不是一国法律体系下的法庭，也没有法律授权。

监督委员会的主要功能是可以迫使脸书提供原本无法获得的信息。缺乏透明度一直是对脸书内容审查的最一致的批评之一，这些决策都引用了不公开的内部规则。监督委员会作为一种信息强制机制对改变这种情况能发挥一定作用。此外，对于脸书内容审查决定提起的诉讼，法院需要数月甚至数年的时间才能作出最终的裁决。而通过监督委员会的申诉程序，会大大缩短这一过程。同时，它也开启了一场对话，使公众知晓审核内容的可能性、局限性和适用范围。

但是，监督委员会案件审理的模式，是通过代表性案件对脸书政策和规则的制定和执行施加影响。而监督委员会所作的五个典型案件的裁决对每天数百万次的脸书内容审核的影响微乎其微。因此，监督委员会的裁决不具有强制执行的效力，其“约束力”是有限的，其影响取决于脸书是否以及如何回应其政策建议。

（四）国会

一般情况下，很少有人会相信国会能够制定出反映现实的合理、明确的规则，因为它根本不适应快速发展变化的现实状况，几乎在所有的技术和社交媒体问题上都反应迟钝，加之它存在无数的利益冲突，在实际起草和通过任何法案方面的迟缓都令人难以置信。

平台公司反对像 CCPA 这样的州级法律，同时呼吁制定联邦级别的规则。这倒不是因为平台公司更加信赖并愿意接受联邦监管，而是因为它们知道制定联邦法规需要很长时间。此外，国家规则除了来得太晚之外，还更有可能被行业游说者淡化并充满漏洞。

当然，国会并不是完全失败的。它已经建立了一些专家机构，由国会监督，但在其他方面是独立的，有权制定规则，并在技术上处于无党派状态。不幸的是，在线平台的监管问题是最近才出现的，国会没有授权一个专门机构来解决这个问题。平台公司并不完全属于现有专家监管的任何一类。

5 最终谁说了算：法院的态度

在美国的政治和法律体制中，最终权威是法院。任何纠纷和矛盾，对法律的理解和适用都由法院说了算。法院虽然不是针对在线网络的监管机构，但它在该领域的司法判决却是网络平台问责和保护消费者权益的有力保障。近年来，除美国最高法院外，各级法院已经有不少援引《通信规范法》第 230 条的判例。这些判例进一步固化了该条规定，但对该条法律规定的范围及其适用，各法院的意见并不一致，这在事实上引起了一定程度的混乱，需要美国最高法院作出澄清。而最高法院的澄清，将对该条法律的去留产生重大影响，或可为国会就该法律的改进提供一种思路或可以凭借的说法。

在众多的与《通信规范法》第 230 条有关的案例中，对该法条作出宽泛解释的首个案例是 Zeran v. American Online Inc.（AOL）一案。该案中，法院认为，《通信规范法》第 230 条明确规定，像 AOL 这样的计算机服务提供商对源自第三方的信息免于承担责任。

1. Zeran 诉 America Online—129 F.3d 327（第四巡回法院，1997）

一个身份不明的人在“美国在线”(America Online，Inc.)(AOL)的公告板上发布了“顽皮的俄克拉荷马州 T 恤衫”的广告。该帖子描述了出售的衬衫，上面有与 1995 年 4 月 19 日俄克拉荷马市阿尔弗雷德 · P. 穆拉联邦大楼爆炸案有关的攻击性口号。有意购买这些衬衫的人被要求拨打泽兰（Zeran）在华盛顿州西雅图的家庭电话。

由于这个匿名的恶作剧，泽兰接到了大量的电话，其中主要是愤怒和诽谤的信息，但也包括死亡威胁。泽兰不能更换他的电话号码，因为他依靠这个号码在家里经营业务，向公众提供服务。当天晚些时候，泽兰打电话给“美国在线”，向该公司代表讲述了他的窘境。该员工向泽兰保证，该帖子将从美国在线的公告板上删除，但解释说，根据政策，“美国在线”不会发布撤回声明。针对泽兰的一系列恶作剧仍在继续，而他收到的死亡威胁也在增加。尽管多次向AOL提出请求，但该公司拒绝撤下这些帖子。

于是，泽兰对上述公司提起了诉讼。泽兰诉称，AOL不合理地拖延删除由一个身份不明的第三方发布的诽谤性信息，拒绝发布这些信息的撤回声明，并且没有对此后的类似帖子进行筛选。地区法院判决AOL胜诉，理由是1996年的《通信规范法》——47 U.S.C. § 230——禁止了泽兰的索赔。泽兰提出上诉，认为第230条并不适用于那些拥有通过其服务发布的诽谤性材料通知的交互式计算机服务提供商。他还争辩说，第230条不适用于本案，因为他的索赔源于AOL在《通信规范法》颁布之前的所谓过失。

法院认为，1996年《通信规范法》第230条明确规定，像AOL这样的计算机服务提供商对源自第三方的信息免于承担责任。此外，法院认为，国会明确表达了其意图，即第230条适用于像泽兰这样在《通信规范法》颁布后提起的诉讼。

泽兰一案开了平台广泛免责的先例，此后，又有不少案例采取了泽兰一案的立场。当然，也有一些法院采取了不同的态度。但美国最高法院至今没有明确表态。不过，大法官克拉伦斯·托马斯（Clarence Thomas）倒是表明最高法院有可能在适当的时候就《通信规范法》第230条的范围作出解释。

2. Enigma Software Group USA 诉 MalwareBytes Inc., LLC 案

本案涉及美国 Enigma 软件集团和 Malwarebytes 公司，这两家公司提供能够过滤不需要的内容的软件，比如构成安全风险的内容。Enigma 起诉 Malwarebytes，声称 Malwarebytes 通过重新配置其产品，使消费者难以下载和使用 Enigma 的产品，是一种反竞争行为。在辩护中，Malwarebytes 援引了《通信规范法》第 230 条的规定，即计算机服务提供商不能因提供"限制访问"其"认为是淫秽、猥亵、淫荡、肮脏、过度暴力、骚扰或其他令人讨厌的材料"的工具而承担责任。美国第九巡回上诉法院认为，第 230（c)(2）节的"政策"和"目的"不支持 MalwareBytes 对 Enigma 的反竞争行为指控的豁免权。第九巡回法院显然要通过对第 230（c)(2）节立法目的解释限制该条所指的豁免权。该法院出于慎重，向最高法院申请了移审令（writ of certiorari)，请最高法院定夺。

最高法院拒绝了第九巡回法院的申请，决定不审查《通信规范法》第 230 条的范围。克拉伦斯·托马斯大法官发表声明，同意最高法院不审理第 230 条案件的决定。但他认为，下级法院对该条款的解释所赋予的在线平台的豁免权远远超过法律规定，因此，当有更好的案例出现时，最高法院应重新审查这一问题。托马斯大法官就下级法院对法律的"非文本"解释提出异议，他认为在一些案件中，法院的解释依赖于对立法者目标的广泛预测，而不是法规的不可抗拒的命令。在未来，托马斯大法官更倾向于审查下级法院使用相同的"政策"和"目的"语言给予在线平台豁免权的案件，使最高法院有机会在全国范围内建立一个先例，限定第 230 条的范围。

在托马斯大法官看来，第 230 条的真正范围是相当温和的：第 230（c)(2）条规定，互联网平台不因善意删除或限制第三方的非

法内容而承担责任，第 230（c)(1）条意味着它们也不因不知情地在其网站上留下非法内容而承担责任。托马斯大法官认为下级法院不适当地扩大了这些条款，以赋予“互联网平台全面的保护”。他指出，法院错误地给予故意传播非法内容的公司以豁免权；通过解释第 230 条以保护任何形式的内容审核，法院鼓励了种族歧视的做法；即使平台是贩卖人口和恐怖主义的同谋，法院也仍然对此持怀疑态度。

6 改进的趋势

改进平台监管法律制度的呼声越来越高。当初主持制定《通信规范法》第230条的联邦通信委员会主席里德·亨特（Reed Hundt），现在承认“我们太天真了”，法律必须改变。众议院议长南希·佩洛西（Nancy Pelosi）试图从美墨加贸易协定（USMCA）中剥离科技的“安全港”，但没有成功。得克萨斯州参议员特德·克鲁兹（Ted Cruz）明确表示他也支持废除第230条的有关规定。参议院知识产权司法委员会主席、北卡罗来纳州参议员托姆·蒂利斯认为，目前的制度没有“经受住时间的考验”，而民主党伊利诺伊州众议员扬·沙考斯基则敦促对该法律进行重新审视。用微软总裁布拉德·史密斯的话总结，“第230条具有空间和时间性，但那个时代现在已经结束了”。

近年来，关于网络内容控制的问题在某种程度上已经发展成为民主党和共和党之间的党派分歧。民主党人倾向于声称，网络平台不够平和，因此是仇恨言论和虚假信息传播的同谋。而共和党人则往往认为对网络平台公司监管得太多，产生了所谓的“自由主义偏见”，因而损害了“保守主义”内容。因此，最近出现了大量的影响内容监管的立法和行政提案。

1. 2019年《结束对互联网审查制度的支持法案》（*Ending Support for Internet Censorship Act*）

2019年6月，共和党人霍利（Josh Hawley）参议员提出了

《结束对互联网审查制度的支持法案》。该法案旨在修正《通信规范法》第 230 条，主张大型互联网平台只有在能够向联邦贸易委员会证明它们是“政治中立”的平台时，才可能获得责任豁免。然而，该法案引起了第一修正案的关注，因为它责成政府监管平台可不可以从其网站上删除的内容，并要求平台满足“政治中立”广泛而未限定的定义。

从名义上讲，霍利法案将阻止主要网络公司获得《通信规范法》第 230 条的保护，除非它们的服务条款被修改为“善意”运作并公布其内容控制政策。霍利称，“善意的责任将在合同上禁止大公司在执行它们编写的服务条款时有歧视行为，或不履行它们的承诺”。这将使公司因违反合同义务而被起诉。同时，除了律师费外，每项索赔将被罚款 5000 美元或实际损失，以较高者为准。

2.《2019 消除滥用和漠视互动技术法案》[*The Eliminating Abusive and Rampant Neglect of Interactive Technologies Act of 2019* (*EARN IT Act*)]

《2019 年消除滥用和漠视互动技术法案》，由参议员林赛·格雷厄姆和理查德·布鲁门塔尔在 2020 年 3 月提出。该法案的总体思路是，科技公司必须根据他们的内容审核做法“赢得”《通信规范法》第 230 条豁免权，而不是默认给予豁免权。该法案是由立法者提出的，作为打击儿童性虐待材料（CSAM）的一种方式。为了获得第 230 条的保护，该法案于 3 月提出建立一个国家预防在线儿童性剥削委员会，该委员会将为在线平台公司制定内容审核标准，使其达到要求。2020 年 7 月对该法案进行了修正，包括该委员会制定的标准将不是要求，而是自愿建议。然而，修改后的法案仍然允许各州在在线平台上出现儿童性虐待材料时对其进行起诉。批评者说，该法案对第 230 条的保护和加密构成了威胁。例如，如果虐待儿童的材料是通过一个加密的信息平台发送的，各州将能够起诉该平台，并要求他们对无法调节这些信息负责。参议院司法委员会投票批准了该法案，并在 2020 年 7 月 2 日进行现场投票。根据电子前沿基金会（EFF）的说法，该法案在 9 月通过了参议院司法委员会，此后又在众议院提出。

3. 2020 年《平台问责制和消费者透明度法案》[*The Platform Accountability and Consumer Transparency Act*（*PACT Act*）]

《平台问责制和消费者透明度法案》(简称 PACT 法案)，由参议院议长约翰·图恩（John Thune）和参议员布莱恩·沙茨（Brian Schatz）于 2020 年 6 月提出。PACT 法案的重点是促进平台的透明度和问责制。该法案包括要求平台向用户解释其内容审核政策，并提供关于被删除、降级或取消的项目的详细季度统计数据。它将修改《通信规范法》第 230 条，让大型平台在 24 小时内删除被法院认定为非法的内容。这些平台还必须建立一个投诉系统，在被删除的 14 天内通知用户，并提供上诉。该法案的另一部分将允许联邦监管机构对平台提起民事执法诉讼。批评者认为，该法案的通知和删除机制"缺乏关键的保障措施和更明确的程序规定"，但该法案"有可能作为一个有价值的进行重组和调整的框架"。

4.《2021 年社交媒体隐私保护和消费者权益法案》(*Social Media Privacy Protection and Consumer Rights Act of 2021*)

为了加强消费者的在线数据隐私，美国参议员艾米·克洛布切（Amy Klobuchar）、约翰·肯尼迪（John Kennedy）、乔·曼钦（Joe Manchin）和理查德·伯尔（Richard Burr）重新提出了《2021 年社交媒体隐私保护和消费者权益法案》。该法案旨在提高在线平台的透明度，加强消费者在数据泄露情况下的选择，并确保公司遵守保护消费者的隐私政策。

该法案将适用于任何从用户的在线行为中收集个人数据的在线平台。该法案将个人信息定义为在网上收集的关于个人的可识别信息，即足以识别街道和城市或城镇名称的位置信息，包括实际地址、电子邮件地址、电话号码、政府识别码，如社会安全号码、地理位置信息、信息内容等，以及受《健康保险可携性和责任法案》（HIPPA）和《金融服务现代化法》（GLBA）管辖的数据。

该法案将创建一些消费者权利，包括用户有权选择退出，并通过禁用数据跟踪和收集来保持其信息的隐私，为用户提供对其数据的更大范围的访问权和控制权，要求服务协议的条款采用通俗易懂的语言，确保用户看到关于他们的哪些信息已经被收集和共享，并要求如果用户信息被泄露，必须在72小时内通知他们。

根据该法案，在线平台将被要求：明确告知用户，其在线行为中产生的个人数据将被运营商和第三方收集和使用，并为用户的隐私偏好提供选择；向用户提供在线平台的使用条款；建立和维护在线平台的隐私或安全计划；公布隐私或安全计划的细节，详细说明经营者将如何使用在线平台用户的个人数据，包括经营者将如何处理与开发新产品和服务有关的隐私风险的要求，也包括经营者的雇员和承包商对在线平台用户的个人数据的访问细节，以及使用该个人数据的内部政策。

如果用户提出要求，须免费提供他们所处理的用户个人数据的副本，并以电子和易于获取的格式提供，包括收到用户数据的每个人的名单，以及每两年审计一次在线平台的隐私或安全计划。

该法案禁止在线平台推出新产品，或以凌驾于用户隐私偏好之上的方式改变平台的数据隐私或安全程序，除非平台已告知用户这一变化并获得他们肯定的明示同意。另外，该法案将由司法部长执行。任何违反该法案规定的行为将被视为违反联邦贸易委员（FTC）定义的不公平或欺骗性行为或做法。州总检察长在提起诉讼前必须书面通知联邦贸易委员会，当总检察长打算提起民事诉讼时，联邦贸易委员会可以进行干预。目前，该法案已被宣读两次，现在已提交给美国参议院商业、科学和运输委员会。

5. 设立专门的平台监管机构

在改进革新的建议中也有这样的提议，即在联邦一级设立一个独立的专家机构或委员会，赋予其法定权力来创建和执行与在线平台处理消费者数据有关的规则。该机构应该像联邦通信委员会一样，是正式的无党派机构，并且应该对它能做什么和不能做什么有具体授权。比如，要求平台公司对其禁止的言论有一个合理和可获得的定义，以及一个审计和质疑的过程。

如果有一个类似于社交媒体的机构，证据可以被公开，监管的意图也很明显，用户可以在一个公共论坛上发表他们的意见，而这个论坛并不是由他们所拥有和经营。这样一个机构的存在，将使人们知道挑选和选择遵守哪些规则，反对哪些规则，进行抨击和游说。这对于权衡平台的优先事项和用户的优先事项至关重要，或许能够防范平台滥用全球用户的信任。

然而，这样的机构是否能问世，是否能有效运作，尚需更仔细地考量和计划。目前情况下，尚未看到更加明晰的可能性。

2019 年，全球超过 90% 的网民是谷歌用户，大约是 40 亿人。由于这些业务在全球范围的规模，在线平台公司不仅拥有与传统媒体类似的力量，而且可以控制公众的注意力、传播新闻、影响政治观点，给人们提供发表意见和声音的平台。尤其是，互联网企业具有影响公众的公民权力，能对公民集体行动和选举施加影响力。脸书与“阿拉伯之春”的关系是互联网平台公民和政治权力的一个例证。这场运动如果不是通过脸书的推动，就不会有席卷中东和北非地区势不可当的规模和速度。

在经济层面上，在线平台经常扮演双重角色，既是市场的运营商，又是自己产品和服务的销售商，与竞争对手的销售商竞争。因此，在线平台公司的监管权力和看门人角色的结合，应该带来特殊的责任，确保数字平台和邻近市场的公平竞争和不扭曲的竞争，确保消费者的利益得到保障。

然而，美国对在线平台监管的法律框架和机构却难以达到理想的境地。事实上，现有的框架本身充满了矛盾，运作起来不一定有效。而改进的呼声虽然很高，但立法机构和司法机构的运作效率堪忧。尽管《通信规范法》第 230 条规定可以修正，但其背后的第一修正案宪法设计则很难被碰触。

当然，无论美国如何自诩为中心，它都只是全球生态系统的一部分，这个生态系统由各种不同的、不断变化的优先事项、领导人和法律制度组成。外在的影响也会发挥重要作用，最明显的例子是欧盟《通用数据保护条例》这一套规则已经开始改变一些社交媒体公司的业务方式。美国的超级在线平台也会受到它的影响。也许，美国的平台责任和消费者保护的法律框架和实践只能在内外力量的合力推动下逐渐改进，而且这也不是一蹴而就的事。

图书在版编目(CIP)数据

数字素养:从算法社会到网络3.0/於兴中著.—
上海:上海人民出版社,2022
ISBN 978-7-208-17714-7

Ⅰ.①数… Ⅱ.①於… Ⅲ.①人工智能-科学技术管
理法规-研究 Ⅳ.①D912.170.4

中国版本图书馆CIP数据核字(2022)第098990号

责任编辑 冯 静
封面设计 苗庆东

数字素养:从算法社会到网络3.0
於兴中 著

出 版 上海人民出版社
(201101 上海市闵行区号景路159弄C座)
发 行 上海人民出版社发行中心
印 刷 江阴市机关印刷服务有限公司
开 本 635×965 1/16
印 张 16
插 页 5
字 数 180,000
版 次 2022年11月第1版
印 次 2025年11月第2次印刷
ISBN 978-7-208-17714-7/D·3949
定 价 90.00元